国家生态安全的重要基石
——过程工业战略环境评价理论与实践

钱洪伟　著

中国环境出版集团・北京

图书在版编目（CIP）数据

国家生态安全的重要基石：过程工业战略环境评价理论与实践/钱洪伟著. —北京：中国环境出版集团，2020.11
ISBN 978-7-5111-4493-5

Ⅰ. ①国… Ⅱ. ①钱… Ⅲ. ①过程工业—战略环境评价—研究 Ⅳ. ①F40

中国版本图书馆 CIP 数据核字（2020）第 214801 号

出 版 人 武德凯
责任编辑 林双双
责任校对 任 丽
封面设计 彭 杉

出版发行 中国环境出版集团
（100062 北京市东城区广渠门内大街 16 号）
网 址：http：//www.cesp.com.cn
电子邮箱：bjgl@cesp.com.cn
联系电话：010-67112765（编辑管理部）
发行热线：010-67125803，010-67113405（传真）
印 刷 北京建宏印刷有限公司
经 销 各地新华书店
版 次 2020 年 11 月第 1 版
印 次 2020 年 11 月第 1 次印刷
开 本 787×960 1/16
印 张 14.25
字 数 250 千字
定 价 50.00 元

前　言

总体国家安全观是国家安全发展、人民利益保障的重要指导思想，生态安全作为总体国家安全观的重要组成部分，其重要性不言自明。作为对生态安全发展有重要影响的过程工业来说，生态环境治理更是重中之重。过程工业涉及许多行业，例如化学工业、冶金工业、能源工业、核能工业以及石油工业等，它包含了大部分重工业，这类工业对资源、环境及生态的破坏力极大。在排放标准越来越严格的条件下，其污染治理任务越来越重。而解决问题的源头在于从行业（部门）决策起点及全过程视角对开发活动的环境影响进行科学分析，将环境因素纳入综合决策中，实现过程工业行业（部门）开发战略决策一体化。过程工业战略环境评价研究作为国家生态安全的重要基石，凸显出现实的必要性和紧迫性。

本书以过程工业战略环境评价为对象，同时以我国特色化工（矿产）资源硼的过程工业开发战略为背景，开展了相应的理论研究与实践探索。目的在于为行业开发综合管理提供一种环境管理维度的技术支撑，探索行业可持续发展实现路径。具体研究内容包括以下几个方面：

首先，在对战略环境评价的演变进程及国内外发展现状和趋势进行全面梳理的基础上，提出了在过程工业行业开展战略环境评价的可行性及现实意义。同时，分析了过程工业战略环境评价特有的理论构成框架、环境评价的主体与客体、目的与标准以及内容与方法等本质属性，并提出了过程工业战略环境评价应遵循的原则。

本书以我国硼资源开发利用等相关资源和环境问题的基本态势为分析平台，以耗散结构及工业生态学理论为出发点，全面分析了过程工业开发系统的耗散结构形成机制及表征，提出了过程工业开发系统生态化趋势及稳定性条件。在此基础上，系统分析了过程工业开发生态系统的特征以及过程工业开发战略的特点，同时对过程工业开发战略的环境影响发生机理进行了探索性研究。

其次，建立以耗散结构理论与工业生态学理论为基础、多学科为支撑的过程工业战略环境评价方法学框架及技术架构，旨在为指导我国的行业环境影响评价理论研究及其具体实践推进提供一定的参考。结合过程工业战略环境评价的应用性，建构了多元分析维度的决策一体化理念方法学框架，旨在解释环境选择的哲学意蕴，在这样一个方法学框架下，来反馈指导过程工业战略环境评价的技术架构。技术架构以全过程、多层面为基本特征，包括现状评价、回顾评价和预测评价等环节。同时系统性提炼出过程工业战略环境评价的关键技术，包括过程工业开发战略环境现状评价、过程工业开发战略回顾评价、过程工业开发战略动力流的环境影响评价、社会—经济—文化系统影响评价、过程工业开发战略环境风险评价、过程工业开发战略替代方案及决策支持评价技术等。分别阐释了各自的概念表征、终极目的及方法构成，充实了过程工业战略环境评价方法体系。

最后，以我国特色硼行业资源过程工业开发案例进行探讨性研究。以东北辽东硼铁矿开发过程为实际案例，进行行业战略环境评价的实证研究，从而为过程工业战略环境评价实践提供参考。另外，依据构建的硼铁矿行业工业生态园规划框架，将过程工业战略环境评价的方法体系应用到硼铁矿行业工业生态园的资源消耗及环境影响分析进程中（包括硼铁矿、硼酸、硼砂等制取利用过程的技术路径）。通过实证分析，检验过程工业战略环境评价的理论和方法体系，从而指导过程工业开发实践。

重大灾害风险防控体系建设已上升到国家战略层面，需要多维度支撑。作为国家生态安全的重要基石，过程工业战略环境评价研究对过程工业领域的重大灾害风险防控体系建设具有较强的战略支撑作用，而这方面工作在国内外方兴未艾，开展此项研究具有示范性作用。

本书是笔者在长期从事应急技术与管理研究和开展过程工

业战略环境评价研究的基础上，综合考虑战略环境评价在国家生态安全发展中的重要战略地位形成的。出版此书，感谢授业恩师东北大学薛向欣教授，恩师给予的谆谆教诲和亲切关怀笔者将终生难忘。感谢所在单位领导、同事对笔者开展应急技术与管理研究工作的支持。同时，本书也得到了河南理工大学安全与应急管理研究中心、河南理工大学公共管理重点学科的经费资助出版。由于认识上的局限、时间紧张等问题，本书存在诸多不足，恳请不同领域的专家、学者不吝赐教，以便后续再版修订。

钱洪伟

2020 年 10 月

目　录

第1章　过程工业战略环境评价研究背景

1.1　问题的提出与研究意义

1.1.1　问题的提出

2014年4月15日上午，习近平总书记在主持召开中央国家安全委员会第一次会议时提出，坚持总体国家安全观，走出一条中国特色国家安全道路。这是习近平总书记首次提出总体国家安全观，并首次系统提出“11种安全”。随后，总体国家安全观内容得到进一步丰富，目前涵盖政治安全、国土安全、军事安全等传统安全领域，也包括经济安全、文化安全、社会安全、科技安全、网络安全、生态安全、资源安全、核安全、生物安全和海外利益安全等非传统安全领域，乃至太空、深海、极地等新型安全领域。

其中，生态安全是国家安全的重要组成部分，将生态安全纳入国家安全体系，是推进国家治理体系和治理能力现代化、实现国家长治久安的迫切要求，对于促进经济社会可持续发展、加快生态文明建设具有重要意义和深远影响。战略环境评价（Strategic Environmental Assessment，SEA）作为环境影响评价的重要措施手段，也是建设和维护生态安全的重要基石。目前，SEA 在国外环保领域仍处于探索阶段，在我国也刚刚起步，主要集中在某些领域和某一层次的研究，而且实践较少。目前 SEA 已经被诸多行业领域所关注，如土地利用、能源开发、城市化进程、流域开发、交通战略、港口开发、铁路行业、海洋部门、汽车行业、农业等领域。虽然许多区域开发、区域性行业综合开发环境影响评价（Environmental Impact Assessment，EIA）等也具有 SEA 的性质，但结合过程工业（Process Industry，PI）行业（部门）国家层面的战略环境评价还很少有人触及。而过程工业行业（部门）开发战略所引起的环境问题目前已引起包括发达国家在内的诸多国家的广泛关注。为了促进环境与经济、社会的协调发展，依据中国的可持续发展战略，通过借鉴国外的经验开展 SEA，有效地推进行业开发的可持续进程，是过程工业开发进程实践中值得研究的课题。

1.1.1.1 过程工业行业资源消耗及生态环境问题

在我国经济变革的过程中，经济高速发展的同时我们付出了高昂的资源环境代价。时至今日，以长期为国民经济提供基础原料的冶金化工等过程工业所造成的资源消耗、环境污染及节能减排压力问题最为严重。由于诸多原因，20 世纪我国在制定重大经济决策时很少甚至没有考虑决策可能产生的环境后果，在执行的过程中引发了大面积的资源消耗、环境污染问题，以致到目前冶金、化工、矿业等典型过程工业行业生产消耗指数高、资源利用率低、大量未被充分利用的资源变成废弃物排放到环境中，造成经济效益低下及严重的生态环境污染。如在我国特有的复合矿、硼铁矿综合利用进程中，湿法工艺由于耗酸量比较大（0.45 t 盐酸处理 1 t 原矿），且盐酸对设备腐蚀严重，操作检修不方便，资源消耗及环境污染非常严重。据统计，我国 2000 年工业废弃物产生量已达 10 亿 t，危险废弃物 9 500 万 t，不仅流失了大量可用资源，也严重污染了水体、土壤和大气。以上仅为冶金、化工等典型过程工业行业所带来的资源、环境及生态问题，尚未涉及其他过程工业行业的环境污染问题。

针对过程工业开发所带来的资源消耗及生态环境破坏问题，相关部门认为，其直接原因主要集中在生产工艺开发过程的资源化利用层面，为此，我国提出发展增效同时实现减污的清洁生产高新技术策略。事实上，过程工业行业开发真正的资源、生态环境问题的根源在于部门决策层对环境发展战略的认识程度，图 1-1 所反映的我国过程工业行业环境发展战略的变迁情况可以说明这个问题。为此，从行业环境管理角度看，只有从宏观决策层面进行环境影响评价的深入、系统及有效的研究，才能提高我国过程工业及相关行业的生态环境质量。

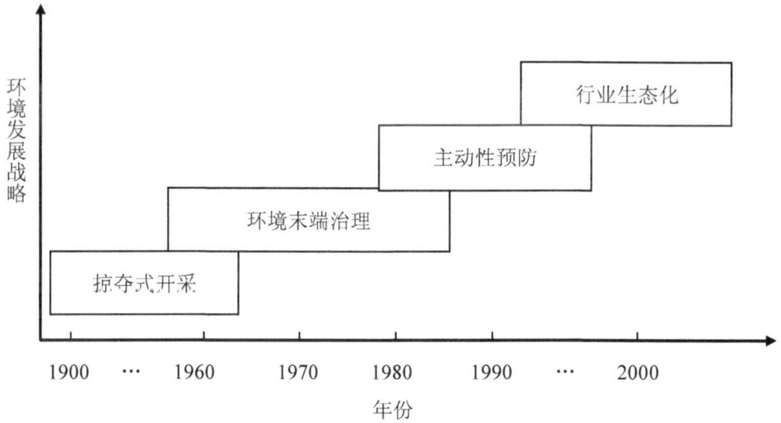

图 1-1　20 世纪以来我国过程工业行业环境发展战略变迁

1.1.1.2　战略环境评价在过程工业行业的发展

在当前世界经济发展进程中，要把握经济可持续发展，就要处理好经济与环境资源的关系，从更高、更广的角度来认识二者关系。从目前我国发展思路来看，冶金、化工等过程工业无疑扮演着重要角色。以冶金工业为例，中国钢产量自 1996 年超过 1 亿 t，成为世界最大的钢铁生产国之后，又迅速增长至 2007 年的 4.89 亿 t。因此以钢铁为典型的过程工业对中国环境的影响非常深远。此外，为应对加入世界贸易组织（WTO）后的各种挑战以及我国自身可持续发展的要求，过程工业行业急需在加强污染治理的同时，研究开发清洁生产的配套机制，而开展过程工业清洁生产的前提之一就是进行行业战略环境评价。

2007 年 11 月 3 日，“战略（规划）环评在中国”国际研讨会在北京召开，国家环保总局在全国重点地区和行业开展了战略环评试点工作，此次试点地区包括黄河中下游能源富集地区、海西经济区、北部湾经济区、环渤海经济圈、成渝经济区等重点地区以及钢铁、石化、电力、造纸和煤化工等重点行业。从冶金、化工等过程工业行业来看，高耗能、高污染程度越发明显，对于这样一个行业如何平衡区域经济与行业环境的和谐发展已经纳入国家相关部门的决策层面。开展过程工业行业的战略环境评价，是确保环境因素在决策过程中得到充分考虑的重要手段，是在决策层面协调环境与经济矛盾的有效机制，是破解环境与经济矛盾的有力策略方式之一。新中国成立以来，为了不再重演国家和民族落后挨打的惨痛历史，我国优先发展过程工业，在这个行业积累了较雄厚的科研实力，在整个国家已经全方位地建立了冶金、化工等过程工业行业的科研院所体系，这为开展过程工业行业的战略环境评价提供了行业背景、技术以及诸多维度的支持。单就冶金行业而言，如钢铁研究总院、东北大学、北京科技大学、中南大学等传统冶金院校就积蓄了这个行业的诸多资源。然而，冶金、化工等过程工业作为国家经济发展的重要支柱，至今尚未构建具有行业特色的战略环境评价体系，这为战略环境评价在冶金、化工等过程工业的理论构建及实践探索提供了非常大的发展空间。

1.1.1.3　发展行业循环经济（工业生态园）的必然

循环经济（Recycle Economy）是 20 世纪 60 年代美国经济学家鲍尔丁提出的“宇宙飞船经济理论”的衍生物。“宇宙飞船经济理论”指出，地球就是一艘在太空中飞行的宇宙飞船，要靠不断消耗和再生自身有限的资源而生存，如果不合理地开发资源，肆意破坏环境，就会走向毁灭。循环经济与传统经济相比，在物流和经济运行模式上有所不同：传统经济是单向物流模式的线型经济；循环经济是建立在物质不断被循环利用基础上的环型经济，要求系统内部要以互联的方式进行物质交换，以最大限度利用进入系统的物质和能量。在现实操作中，循环经济需遵循“3R”（减量化、再利用、资源化）原则。

进行污染防治，建立行业循环经济模式已经成为诸多行业的共识。其核心在于实现清洁生产。而环境保护不仅仅是污染物的末端处理问题，更为重要的是将经济与环境统一考虑，发展清洁生产技术，从源头上控制污染物的产生。表 1-1 是清洁生产技术自 20 世纪 60 年代以来的演变历程，从这一历程可以看出，当前对污染和环境恶化的控制已从污染排放的总量控制和末端治理阶段进入从生产源头合理利用和生态设计，以控制污染物的产生和预防污染阶段，而最终将进入行业战略层面决策控制，即战略环境评价阶段。

必须指出的是，从行业循环经济角度来看，进行战略环境评价的研究关键问题在于要引入诸如产业生态学等学科的相关知识体系，考虑如何通过产业结构的调整，在一个区域内构建循环型园区、循环型社会的具体措施，而不能仅仅限制在环境学科内部探讨。就这一点而言，循环经济的实践方式之一即是进行行业工业生态园的构建。由于工业生态园属于一种生态工业模式，其应依据生态学原理，仿照自然界生态过程物质循环的方式来规划构建。对此，目前国内外已陆续开展了相关研究，但对于将过程工业战略环境评价（Process Industries Strategic Environmental Assessment，PISEA）的理论应用在其中的尚不多见。对于过程工业来说，过程工业生态园的合理构建对于PISEA研究的实践检验具有特别重要的现实意义。

表1-1　清洁生产技术演变的尺度进程

技术路线	1960年	1970年	1980年	1990年	1990年以后
治理性	末端技术				
			土壤污染改良		
全过程控制思想	现有过程的优化（过程集成）				
		面向原料策略（循环及再利用）			
预防性（产品）策略			可持续发展		
			生命周期评价（LCA）及生态设计（产品革新）		
战略层面	过程工业战略环境评价：微观环境管制→宏观环境管制				
	技术—社会—经济—文化链条：循环经济（工业生态园）				

1.1.2　研究意义

理论上，积极探讨战略环境评价在过程工业行业的应用性，抽象总结出适宜的环境影响评价理论体系，从而进一步完善与补充战略环境评价体系的学科建构。

实践上，通过引入SEA，提高过程工业行业从决策层面到项目层面对环境问题的重视程度，对过程工业开发系统产生的环境影响进行全方位评价，把握环境影响因子间的平衡关系，辅助行业节能环保战略政策的顺利开展，使环境压力得到缓解，从而提高战略的可信度并获得社会的支持，推动行业可持续发展。

1.2　研究背景

1.2.1　SEA的起源

20世纪50年代以来，环境问题曾表现出两次发展高潮，分别在20世纪50—60年代和20世纪80年代初。第一次发展高潮主要是工业发达国家的环境污染事件使环境学界首次提出了“环境影响评价”的概念，随后使得世界许多国家采用立法诉诸途径建立了环境影响评价制度。第二次发展高潮主要是伴随着各个行业部门及区域开发步伐的加快和规模扩张，区域开发环境影响评价被提上日程。

随着人们对环境问题认识程度的加深，学者们逐步开展了环境影响评价多尺度的研究，并认识到仅从单个项目甚至多个项目以及区域角度研究EIA问题，不能从根本上解决环境问题。事实上，从决策科学角度看，EIA问题不单单是技术性问题，更是一个技术性与政治性相结合的如何平衡二者关系的过程有机体。也正是建立在这种认识基础上，英国环境专家N. Lee等提出SEA的最初概念，使SEA的研究成为传统EIA的研究趋势及破解未来环境问题的新思路。此外SEA研究的催生原因还有很多，其中传统EIA的弊端及可持续发展的需要最为关键。

（1）传统EIA的弊端

第一，传统EIA制度是针对“先污染，后治理”的思路引出的环境治理工具，其出发点是从源头遏制并解决环境问题。但限于现实困境，至今大多还是沿袭了“末端管制”的理念，这种理念所造成的后果在经济上已成为一个沉重的负担，从根本上解决环境问题必须要有新的思路与方法。

第二，一方面，理论上传统 EIA 仅限于应用在项目层次，而在实践中哪些项目需要进行评价，哪些不需要，其范围或尺度难以界定或把握；另一方面，当考虑更大尺度的自然环境影响以及非自然环境影响时，开发项目对两个层面之间的影响评价尺度以及如何平衡带来诸多操作上的难题。

第三，传统 EIA 中最重要的参与者包括部门决策者、公众参与者两类人群。对于公众参与者，传统 EIA 流于形式，参与过程要么非常复杂，要么非常简单。对于 EIA 程序，从上而下看缺乏决策者的支持认同，从下而上看缺乏公众参与的有力监督，从而使 EIA 成了“空中楼阁”，缺乏上层决策者以及底层公众的强力支撑，是典型的“参与者位置缺失”，从而造成传统 EIA 的有效性降低。

（2）可持续发展的需要

SEA 是对联合国在《21 世纪议程》中制定的可持续发展战略的响应。从当前国际环境保护进程来看，实现可持续发展是世界各国的主要发展目标，而实现可持续发展的关键是要制定可持续发展的战略及政策。要使制定和实施的每一项战略决策都体现可持续性，就要求在战略决策过程中对战略选择进行系统、全方位的评估，其中一个很重要的内容就是要进行各类战略选择的环境影响分析，这就使得我们在战略层面（包括政策、计划及规划）及项目层面都必须考虑环境问题。由此可见，SEA 是在世界各国进行可持续发展多年实践的基础上的必然结果，SEA 的指导思想和研究方法与可持续发展理论是高度统一的，是实施可持续发展的重要环境管理工具。

在这样一个背景基础上，从宏观现实的要求以及学科建构者对 EIA 的积极心态两方面，都有利地促进了 SEA 学科体系的发展与壮大。

1.2.2 SEA的概念表征

工业经济增长和资源、环境问题引起人们的高度关注。EIA作为宏观层面调节经济与环境和谐发展的行业工具，从产生到目前的阶段性发展，其作用力及影响度得到了诸多行业的肯定与认可。然而，随着时间的考验，EIA固有的缺憾逐渐暴露，这促进了EIA在新的历史阶段的发展，同时也与新时代国家相关部门决策不谋而合，即 SEA 得到了许多国家各行业、具有“自上而下”特征的认可与推广。就 SEA 而言，尤其是发达国家在经历传统的“环境库兹涅茨曲线”（Environmental Kuznets Curve，EKC）（图1-2）所解释的“前工业时代”环境滥觞之后，已将 SEA 方法作为解决“后工业时代”宏观决策的有力手段之一。

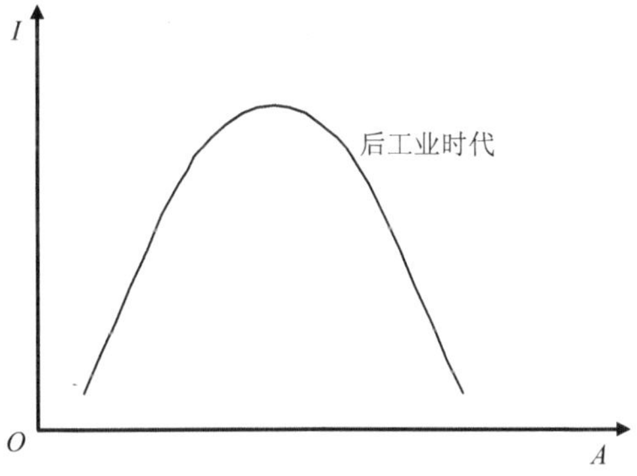

图1-2 环境库兹涅茨曲线

注：依据EKC规律，后发国家为避免重蹈发达国家前工业时代环境负荷过大的发展路径，必须走出一条所谓的“穿越环境高山”隧道。其代表公式是：$I=P \cdot A \cdot T$。四者定量关系为经典控制方程，其中，I：环境负荷；P：人口规模；A：人均GDP；T：GDP发展所诉求的技术进步。

时至今日，SEA 在土地和资源规划中应用的时间最长，而在土地和交通部门应用最广。1969 年美国制定的《国家环境政策法》（*National Environmental Policy Act*，NEPA）中对编写一个总体和计划性的《环境影响报告书》（*Environmental Impact Statement*，EIS）就特别强调 SEA 问题，此后在许多国家被广泛传播、扩散并加以应用。而 SEA 由于其范围尺度的不确定性，在很多国家的称谓都不一致。甚至在所谓的欧洲 2001/42/EC 指令中也是如此。对 SEA 概念的不同定义，反映了在对其进行理论研究与实践积累过程中，概念认识程度的不同（表 1-2）。

表 1-2　有关战略环境评价的定义

战略环境评价的定义
定义 1：SEA 是对已拟定政策、规划或计划的环境影响系统的评价过程，目的是确保在决策制定的早期充分考虑和解决环境问题以及经济和社会问题
定义 2：SEA 是对环境影响的政策、规划或计划及其替代方案正式的、系统的、全面的评价过程，包括针对评价结论编写书面报告，以及将其应用于需要对公众作出解释的决策
定义 3：SEA 是一个过程，旨在使制定政策的机构（提出者）在政策制定过程中以及决策者在批准政策时，能够全面了解拟议政策的环境和社会影响，而不是仅仅考虑那些最初促使新政策出台的因素
定义 4：SEA 是将环境和社会问题纳入战略层次上做出的发展规划、决策及其实施计划，从而对其产生影响的参与过程

目前，对 SEA 概念的理解基本上可归纳为三点：①从传统 EIA 概念出发。从这种观点出发的 SEA 概念在其发展早期居于主流，但随着 SEA 研究范围的不断扩大，传统 EIA 研究路径出现障碍，不得不寻找 SEA 新的研究基本点。②从政策、规划等战略视角进行研究的 SEA 概念出发。③基于上述两点在对 SEA 概念认识互补的情况下所提出的综合集成概念。

从系统科学角度出发，提出了一个系统的概念，即将 SEA 概括为一个系统，这样可以集中分析和研究 SEA 与其广泛的背景和环境管理潜在作用之间的相互影响。

由于 SEA 的初衷就是将环境要素纳入战略决策进程中，即在战略行为的不同层面考虑环境要素，这就造成了 SEA 应用范围的宏观性和不确定性。从这个意义上说，SEA 学科具有其不成熟的一面。尽管如此，我们还是可以给出 SEA 一个概念性定义：SEA 是对可上升到战略层面的系列决策及其替代方案的环境影响进行的全方位的、多维度的评估过程，是对传统 EIA、累积环境评价、区域 EIA 及其拓展阶段等系列概念抽象的和高度的概括，其最终目的就是从源头和过程控制层面对环境影响进行战略管控。

当然，SEA 概念的繁杂也造成了其研究和交流上的障碍，因此本书认为任何现有和以后将出现的 SEA 概念的定义，都应该具有一般性和灵活性。尽量全面地总结相关 SEA 实践经验，由实践到理论来推证 SEA 概念的合理性。也正是在这个意义上，有学者将 SEA 划分为三大类，见表 1-3 所示。

表 1-3 SEA 概念演变分类

类别	表征
标准 SEA 程序	由国际或跨国组织所规定的标准 SEA 程序（主要是《SEA 议定书》和《SEA 指令》），如世界银行
近似 SEA 过程	对政策和法律的环境评估过程
准 SEA 程序	这类 SEA 不符合 SEA 的正式要求和严格定义，但具有 SEA 的某些特征或要素，并且总体目标一致。它要求对环境因素（有时还有社会和经济因素）进行评估

1.2.3 项目 EIA、区域（部门）EIA 和 SEA 之间的相互关系

环境影响评价最早是针对单个建设项目提出来的，但随着环境问题的日益复杂化，EIA 作为一种方法也在不断地发展，区域环境影响评价（Regional Environmental Impact Assessment，REIA）、部门环境影响评价（Department-EIA）和 SEA 都是单一项目 EIA 过程向项目上游的一种扩展形式，并且在不同程度上弥补了项目 EIA 的不足之处，尤其是 SEA，被认为是完善 EIA 体系，使可持续发展战略从抽象的、宏观的战略落实到实际的、可操作的具体项目。图 1-3 可以说明项目环境影响评价、区域环境影响评价、部门行业环境影响评价和 SEA 之间的相互关系。

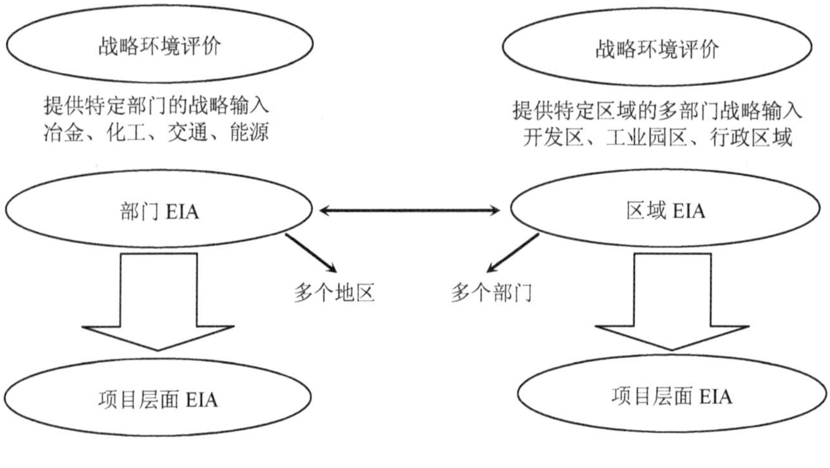

图 1-3 项目、区域（部门）EIA 及战略环境评价之间的相互关系

单一项目 EIA 早已为环境界所熟知，区域环境影响评价研究早就成为 SEA 研究的先驱流派。而对于部门（行业）战略环境评价尚未给出确切的定义。当开发活动属于一个特定的部门，而并不仅仅局限于一个地区时，使用的环境影响评价类型被称作部门环境影响评价，它是对某一

个特定部门（如交通、农业、卫生、能源等）的拟议开发活动可能引发的各种影响进行预测和评价，并提出预防和减缓措施。部门环境影响评价局限于某一利益相关部门，所以更多的情况下强调机构的角色和责任，并特别致力于解决政策、规划、法律体系和组织机构等方面的问题。

需要指出的一点是，区域环境影响评价和部门环境影响评价是在区域和部门层次对战略概念的本质应用，从这个意义上来说，两者都是 SEA 的特例。

1.2.4 SEA 研究现状及进展

近年来 EIA 的一个主要发展趋势就是将其导入政策、规划及计划中，即 SEA，并进行理论研究和实践经验探索。SEA 是一个迅速发展的学科，短期内已经发生很大变化，应用范围及评价区域一直在增加，而且越来越多的国家开始引入 SEA 体系。

1.2.4.1 SEA 的发展阶段

由于经济与环境的巨大变化，许多国家已陆续将着重点由传统 EIA 转移到 SEA 研究上，这可以追溯到 1969 年美国《国家环境政策法》（NEPA）出台。这部法案最初是针对公共决策问题而引入的，该法案第 102 条规定对可能显著影响环境质量的政策行为做出详细报告，即对那些能够综合在一起的战略行为都进行环境影响评价。从这个角度来看，SEA 可以看作第二代评价方法，即将 EIA 的基本原则应用到了决策过程的“上游”。伴随着 SEA 的迅速发展和应用，SEA 经历了极富挑战性的发展阶段。

萌芽阶段（1970—1989 年），SEA 出现在法律和政策中，最初仅被美国等少数国家应用。在 NEPA 出台的基础上欧美许多国家相关机构才陆续开展了富有本国特色的 SEA 演变体系。1973 年加拿大《联邦环境评价回顾》出台，1974 年澳大利亚《联邦政府的环境保护法案》出台，1975 年联邦德国《公共措施的环境兼容性的评价原则》出台，1976 年法国《自然环境保护法》出台等。尽管上述国家试图开展 SEA 的法规政策，但事实上在应用范畴大多限于项目环境影响评价层次，这个时期 SEA 的研究处于发展萌芽阶段。

成型阶段（1990—2001 年），一些国家和国际机构开始提出 SEA 的不同要求和形式。进入 20 世纪 80 年代后，联合国开发计划署（The United Nations Development Programme，UNDP）、经济合作与发展组织（Organization for Economic Cooperation and Development，OECD）、世界银行（World Bank）等国际组织纷纷推进环境评价应用由项目层次到战略层次。然而最初战略层次的环境评价被认为是将 EIA 原则简单套用于战略层次，随着许多国家相关机构对 SEA 理论研究与实践探索逐渐深入，人们对 SEA 的含义有了更深层次的理解，意识到 SEA 与 EIA 具有不同的时空范畴、战略等级和项目等级环节的不同水平，与 EIA 相比，SEA 是可以通过宏观决策整体掌控的。

蓬勃发展阶段（2001 年至今），国家法律和政策的制定促使 SEA 被广泛地采纳和应用，尤其是在欧洲。随着 SEA 研究在世界范围内的扩展，SEA 已被应用到不同层面的部门行业以及领域，值得指出的是，自美国颁布 NEPA 以来，SEA 就作为项目 EIA 的扩展低调进行。而在欧盟，SEA 被看作是实现可持续发展的有效手段，从 2004 年 7 月起 SEA 指令就在欧洲范围内开始实施。

1.2.4.2　国外 SEA 现状

国外 SEA 研究已从尝试逐渐走向成熟，其在战略早期就识别出环境和社会风险，通过一系列的环境优先选择过程，对可能的结果提出富有建构性的建议，并且对未来的行业领域设计、规划及管理提出解决之道，从源头和战略全过程两个角度尽量预防、管控环境风险。目前，在发达国家、国际组织以及一些发展中国家，SEA 已在某种程度上得到相关决策机构及行业主管部门认可，并日益得到重视及试点推广。

（1）SEA 在欧洲现状

SEA 在欧洲国家的发展，基本是欧盟成员国的 SEA 研究及进展。在欧洲，政府计划和规划的战略环境评价的最小公共秩序框架已成为欧洲 2001/42/EC 指令，该指令被广泛地应用为战略环境评价制度的基石；该指令针对的是特定计划和规划，其提倡应用系统的、积极的、基于 EIA 的评价过程，该指令没有提及欧盟政府的决策。2001/42/EC 指令得到欧盟成员国、一些亚洲及非洲国家的重视，并已成为环境政策研究的参考源。另外，欧盟新近出台的其他指令都与 SEA 指令密切相关，其中包括《欧盟水框架指令》《欧盟栖息地指令》等。

目前，欧盟成员国的指令在各国的引入和执行情况时刻在变化中，其中在指令生效前，荷兰、英国（2020 年 1 月脱欧）、德国、芬兰和意大利 5 个成员国就已进行了若干 SEA 实践探索。其他国家除葡萄牙、希腊和卢森堡外，自 2006 年中期基本都引入了指令或制定了相关立法。在这样一个大范围应用基础上，欧盟成员国积累了大量的、丰富的 SEA 理论研究及实践经验。

1）捷克

捷克在 2004 年通过 EIA 法案修订，正式引入欧盟 SEA 指令，而事实上，该国第一套属于自己国家的 SEA 方法形成于 2000—2001 年，这套方法包括战略、计划、欧盟结构基金规划以及土地利用规划。该方法的最大特色是广泛咨询诸多领域的专家集成而得，专家分别在目标导向和 EIA 评价传统方法的基础上进一步分析本国 SEA 实践的主要优势和劣势。

在 SEA 机制中的相关方之间建立良好的交流沟通运作策略是实现有效评价的重要前提。SEA 相关案例的实践情况表明，捷克 SEA 在战略层面存在许多亟须改进的地方，比如没有充分考虑替代方案、公众参与强度不够、政策形成过程中对 SEA 影响关联性问题缺乏深刻认识等。

2）芬兰

在芬兰，早前有两套 SEA 体系，即主管部门依据《环境影响评价法》对战略实施的宏观评价和对立法法案的环境影响评价，此后随着 SEA 指令被引入芬兰，关于各职能机构的规划、计划和政策的《环境影响评价法案》以及《土地利用及建筑物法案修订案》生效，表明 SEA 在芬兰全面展开。但 SEA 在实践落实过程中遭遇了很大的挑战。这其中涉及三点：①SEA 指令执行进程中如何合理掌控好应用范围，这与战略层面的政策、规划及计划有着密切联系而又难以具体区分。②如何使环境与社会发展综合决策机制有机融合，并具有可操作性。③在一个倡导行政主导的战略环境评价体系框架下，如何使来自底层的公众广泛参与并实现其有效性，无疑为芬兰的 SEA 研究提出了一个难题。

3）德国

为响应 SEA 指令要求，德国议会和联邦参议院于 2005 年对原有 EIA 法案进行了修订，同时辅助其他措施来推动 SEA 的贯彻实施。实际上，德国早在欧盟 SEA 指令下达之前就有着广泛的战略环境评价经验，进行了许多的实际案例分析，尤其是在空间/土地利用规划、交通规划、景观规划体系方面。此外，德国的部门战略环境评价种类也是非常丰富的，其中以多种标准为基础、全面综合的评价实践为优势的交通部门计划和规划十分值得推崇。

4）英国（2020 年 1 月脱欧）

继 2004 年欧盟指令出台之后，英格兰、苏格兰、北爱尔兰及威尔士制定了各自的《战略环境评价法》，要求其境内的相关法规或计划必须实行战略环境评价，其侧重点在于空间/土地利用规划 SEA 层面，辅之以诸多导则。同德国等国家一样，在欧盟指令生效前，英国就已开展 SEA 研究长达 15 年，且主要是政策规划层面的。而部门行业类（交通运输、石油、天然气开发及风能发电等）的 SEA 也以非正式的环境评价得以应用。必须指明的是英国的 SEA 能够取得长足发展有两个理由：①英国的许多指导性文件是公开的；②指令实施前定性评价方法得到很好的应用实践，为后期 SEA 发展奠定了基础。当然，英国 SEA 也存在许多不足，如执行力度不够、基础数据缺乏以及公众参与性差等。

（2）发达国家（非欧盟成员国）SEA 现状

1）美国

美国加利福尼亚州 SEA 体系可以提供比美国国家 SEA 体系更好的应用实例。在加利福尼亚州，SEA 被称作规划影响报告，其应用以 1986 年通过的《加利福尼亚州环境质量法》为起点，要求将环境影响评价的范围从项目拓展到政府的决策、规划和计划，1992 年在圣华金郡对其 2010 年总体规划进行了 SEA 研究。与以往以《国家环境政策法案》（NEPA）为基础的美国联邦体系不同，在加利福尼亚州，任何可能产生重大环境影响的私人计划和规划同样需要进行 SEA。加利福尼亚州拥有较为完善的计划层次，人们有较强的环境意识和广泛的公众参与精神。当然，尽管加利福尼亚州的 SEA 很完善，但是也存在一些不足，比如 SEA 体制反应相对滞后、战略中高端层面的 SEA 欠缺以及后续跟踪检测较为薄弱等。

2）加拿大

1999 年加拿大政府颁布了新的关于政策、规划和计划的战略环境评价内阁指令（The Cabinet Directive on the Environmental Assessment of Policy, Plan and Program Proposals）：为了国家可持续发展战略，各部门的政策、

规划和计划应当在适当的时间考虑其潜在的环境影响。战略环境评价按照程序过程可以划分为“行政主导型”及“内阁决策型”。目前，在世界范围内，大部分国家及区域采用前者，后者实践经验很少，然而加拿大的SEA体系属于“内阁决策型”SEA的一个应用，这就造成加拿大战略环境评价的程序或模式难以形成一个固定形式，因而选择适当的评价方法成了分析中的关键。加拿大SEA的一个显著特点是富有弹性，由于缺乏直接的咨询及公众参与，因此公众及利益相关者的意见无法体现，但是加拿大SEA的执行具有有效性和强制性，并且其实践途径也是多种多样的。这也暴露了加拿大SEA内阁主导过程的诸多问题：缺乏法制保护、贯彻不彻底、公众参与有效性失控以及环境目标模糊等。

3）新西兰

新西兰对环境问题的重视最初起源于20世纪60年代的一场“拯救马纳波里湖运动”，这场运动在10多年内席卷了新西兰全国，引发了国民对环境保护的重视并最终影响了政府决策。新西兰的经济在很大程度上是以自然资源为基础，所以其SEA最早应用的领域也是土地利益及资源规划的相关部门，新西兰的SEA是以1991年《资源管理法》为基础的。新西兰SEA的研究，具有里程碑式的发展节点是《新西兰可持续发展行动纲领》的颁布，该纲领集成了若干SEA报告结果，涉足水资源质量和分配、能源以及城市可持续等实际应用。新西兰SEA研究及应用主要是以行业工程师为主要角色，这方面以交通领域最为明显。另外，新西兰对SEA的替代方案、减缓措施及赔偿机制等方面问题缺乏考虑。

（3）国际组织对SEA的推动

1）世界银行

世界银行采用的SEA政策和程序涉及部门类和区域类，具体操作方案经历了《环境评价操作指南4.0》《操作程序/银行程序4.01》《操作程序/

银行程序 8.6》，其要求借款方为确保项目的可行性和适应性必须执行相应的部门或区域环境评价。目前，SEA 主要关注特殊部门改革的环境影响，确保对可行的替代方案给予适当考虑以及公众和环境部门参与到决策制定过程中。当然，世界银行在开展 SEA 中面临许多挑战：更有效的公众咨询，减缓、预防及补偿措施的执行，贷款国自身要求的加强，战略早期阶段缺乏辅助性资源而且受时间限制等。

2）联合国开发计划署

20 世纪 90 年代初，联合国开发计划署（UNDP）在规划的过程中引入了环境观察法工具。此后 UNDP 将其广泛应用到发展中国家的援助项目中，该法内容主要包括：项目或规划必须在其草拟阶段就启动该法，必须对该法的三个结构问题按顺序相继完成，必须有专家和其他成员的广泛参与，其过程应包括对原规划草案的修改。目前，该法已被广泛应用在 UNDP 的许多活动中，实际案例如印度尼西亚国家扶贫战略的执行、非洲解决城市化问题等。

3）亚洲开发银行

1987 年亚洲开发银行接受了联合国环境与发展委员会提出的把环境管理整合到经济规划中的建议，起草了《环境评价导则》（以下简称《导则》），《导则》就项目与计划、不同部门公平投资等方面的评价进行了详细的说明，同时也强调公众参与。此后亚洲开发银行陆续涉足许多领域的环境评价。具体案例如国别环境分析、区域规划和计划、省级区域的环境经济规划等。

除此之外，一些其他国际组织及双边援助机构在开展 SEA 方面也进行了很多努力，如联合国环境规划署（UNEP）、加拿大国际发展署（CIDA）、英国国际发展部（DFID）、瑞典国际发展合作署（SIDA）、国际影响评价协会（IAIA）等。

（4）发展中国家及地区的 SEA 现状

1）南非

18 世纪早期，南非就开始宣传 EIA，20 世纪 70 年代开始引入并应用环境评价相关机制，1983 年成立的环境影响评价委员会开展了 EIA 的初步研究，提出了综合环境管理（Integrated Environmental Management）的概念并颁布相应导则，截至今日，该导则已经被广泛引用。20 世纪 90 年代中期，南非科学工业技术委员会倡导 SEA 模式，并陆续进行了许多案例的研究，涉及南非东海岸海洋矿产的开采、土地使用管理政策等。

2）中国香港地区

中国香港地区早在 1988 年就将 EIA 指令应用在政府发展计划和规划项目中，之后，陆续出台了几百份环境评价报告，扩大了区域影响。香港战略环境评价发展受益于最初项目 EIA 的经验积累。香港的 SEA 体制大多通过行政程序来落实，这会给 SEA 实践带来许多挑战，如目前的体制缺乏独立的公众上诉机制，来自公众方面的制约显得十分薄弱，因此很难依据社会利益进行合理的决断；此外，法律与行政并行、大都市区重建、从区域规划迈向 SEA 等问题都对 SEA 研究提出了挑战。

这里仅对南非、中国香港地区等发展中国家及地区的 SEA 研究进展进行了简要述评，目的在于说明发展中国家或地区的战略环境评价实践经验逐渐增多，这与国际组织及许多援助机构的推动和帮助密不可分，当然发展中国家或地区自身逐渐意识到环境问题的重要性，并将其提升到综合决策中也是很重要的原因。

1.2.4.3 我国 SEA 现状

我国战略环评的理论研究和实践均处在起步阶段。我国 SEA 研究始于 20 世纪 80 年代，即区域 EIA 研究和实践，当时虽然没有提出“战略环境评价”这个概念，但区域EIA实际上是SEA工作的一部分。从已有文献来看，1995年以前，国内SEA的研究主要为基本概念、基本理论及实践案例的引入，同时指出了在我国开展SEA的现实意义；一些国家级文件中早有涉及，如《中国21世纪议程——中国21世纪人口、环境与发展白皮书》和《中国环境保护21世纪议程》中都明确提出了SEA的相关内容。

此后，国家环境部门、相关科研院所进行了SEA研究的探索性工作。如北京师范大学环境学院首先开展了区域环境影响评价的SEA早期雏形研究；之后，许多环境科研院校陆续开展了相关研究，并编辑出版了相关著作或译著，如《区域开发环境影响评价》《环境影响评价导论》《战略环境评价国际实践与经验》《战略环境评价实践》《战略环境评价理论与实践：迈向系统化》《累积环境影响评价》《战略环境评价导论》《政策层面战略环境评价理论方法与实践经验》《规划环境影响评价方法及实例》《战略环境评价发展、经验与应用实践》《发展中国家的环境影响评价》《战略环境影响评价培训材料》《生态示范区建设的战略环境评价理论与实践》《山东省战略环境评价方法与应用研究》《资源型城市产业发展规划环境影响评价方法与实践》《环境影响评价研究：从技术方法、管理制度到社会过程》《沿海环境影响评价指南》《国外交通规划战略环评法规及实施指南》《政策可持续发展评价》等。

正是在这些研究成果及实践基础上，结合我国现实国情，酝酿已久的《中华人民共和国环境影响评价法》出台并生效，其中明确规定了SEA的具体内容。2003年9月1日起施行（2018年12月29日第二次修正）的《中华人民共和国环境影响评价法》要求对土地利用的有关规划，区域、流域、海域的建设、开发利用规划，以及工业、农业畜牧业、林业、能源、水利、交通、城市建设、旅游、自然资源开发的有关专项规划进行环境影响评价。这表明规划环境影响评价作为SEA的一部分被纳入我国法律中。

目前行业（部门）规划层次的 SEA 正在我国广泛开展，而行业（部门）政策层次的 SEA 也正得到重视并逐渐开展起来，如生态环境部环境工程评估中心与中国科学院生态环境研究中心联合开展了农业政策战略环境评价及外贸政策战略环境评价系统研究等课题。但总体来说，由于政策、法规上没有相应的规定，以及技术上的不成熟，我国的 SEA 仍处于探索阶段，目前这一工作在实践中的应用十分有限。

1.2.4.4 国内外 SEA 研究存在的问题

基于国内外 SEA 相关文献的分析，国内外 SEA 研究存在理论基础层面（发生机理）、方法学层面以及实践验证层面的缺失。具体表现如下。

（1）评价理论基础不完善，忽视发生机理的研究

从国外来看，可以说 SEA 是由传统 EIA 引发的，正是传统 EIA 造成 SEA 从一开始就表现出浓重的实用色彩和技术倾向，而忽视了对其理论机理层面的研究。国内有学者注意到了相关问题的不完善性，进行了系列研究，然而研究方向大多限于环境学科内部的分析，仍然走不出传统环境学科的“圈子”，这就造成理论基础研究视角偏大或偏小。结果导致 SEA 在概念完善、方法深入及内容充实等维度都存在一定程度的欠缺与混乱，并且 SEA 理论研究跟不上实践应用的速度，从而使二者之间脱节。

（2）评价内容与评价方法不成熟

对于评价内容来说，SEA 的优势之一在于其囊括自然环境、社会环境及文化环境等多种复合环境，这也是可持续发展方面的应有之义，尽管如此，当前 SEA 的研究内容还是局限于单一自然环境影响层面，而忽视其他层面的研究，其原因很多，主要在于缺乏对 SEA 诸多内容的认同、存在利益冲突以及缺乏一套可操作性的分析框架。在 SEA 评价方法方面，目前各国很少有正式实施的、通用的 SEA 技术方法，缺乏对战略环境评

价实际操作具有指导意义的方法学研究。原因在于 SEA 评估过程中面临的不确定性增强，针对不同研究对象很难定量掌控。正是在这个意义上，不断总结、探索并研究具有集成性、综合性的多种方法为一体的 SEA 方法体系才是具有方向性的思路。

（3）实践应用开展少

一方面，评价对象的层次偏低，限制了 SEA 作用的发挥。尽管已经有战略环境评价实践的研究成果，但是各国 SEA 的实践应用主要还是集中在交通运输、土地利用等行业领域的规划或计划项目层面，而且大多停步于经验总结和现象描述阶段，成果的深刻性、系统性、指导性和前瞻性受到限制。

另一方面，虽然各国对过程工业所涉及行业（部门）开展了一定数量的 SEA 实践，但是还未见将过程工业开发战略作为特定对象，并基于对过程工业开发生态系统的科学认识，全面构建过程工业战略环境评价的内容框架和方法体系的研究和实践。另外，当前 SEA 在过程工业宏观管理中的应用尚未得到足够的重视，未见将 SEA 作为过程工业宏观管理的有效工具的应用成果。

1.2.5 SEA 引入过程工业行业（部门）中的研究探讨

1.2.5.1 PISEA 的基本内涵

（1）过程工业概念

由于环境问题越来越严重，工程专家认为，工业可分为过程工业与成品（产品）制造工业两大类。过程工业（Process Industries，PI）也称“流程工业”，包括传统的化学、冶金、石油加工业、制药及轻工业等。这类工业大多以天然资源如矿石、煤炭、石油等为原料，通过物理及化学变化，生产出人类所需的基本物品和材料。

相比之下，成品（产品）制造工业比过程工业污染轻，产量增加也比较容易；而过程工业要增大产量则困难得多，常需要对流程中许多关键工艺及设备进行有风险的改进，同时还必须加大力度消除随之带来的污染。

（2）过程工业的特点

一般来说，过程工业大多以天然资源为原料，经过一步或多步化学反应，辅以相关的分离方法将有关物料按组成进行分离，最终得到所需成品。过程工业一般都采用大规模的连续生产方式，小规模间歇生产一般将导致产品质量低与生产成本过高，最终因无法维持而关闭。过程工业在生产过程中，特别是在有化学反应时，会产生废物及污染物。只要不改变使用的原料和有关的化学反应，就会生成废物或污染物，因此在排放标准越来越严格的条件下，这类工业的污染治理任务越来越重。

过程工业的蓬勃发展给人类生存的环境带来了不同程度的污染，从环境治理角度来看，目前所采用的“末端治理”的环境管理方法使当今环境治理陷入一种恶性循环，过程工业尤其严重。为了从根本上改变这种被动的局面，国内外提出发展清洁生产过程，使过程不产生污染物或减少产生废物，从源头上杜绝污染。然而在进行清洁工艺时，首先必须做的是基于战略决策的过程工业战略环境评价（Process Industries Strategic Environmental Assessment，PISEA）研究，从战略角度来宏观掌控。

（3）PISEA 概念

战略环境评价是描述宏观战略层次上的环境影响评价过程，在不利的环境影响情况下，采取预防措施或补救措施，包括有关区域开发战略的环境评价，以及有关部门或行业发展战略的环境评价。过程工业项目建设通常要消耗大量资源和能源，对环境产生相当大的影响，因此，为了从根本上缓解过程工业所带来的环境影响，几十年前各国就开始将清洁生产机制引入过程工业中，但是清洁生产机制仅仅局限于过程工业的微观层面。随着战略环境评价概念的提出，将战略环境评价应用到过程工业领域会从源头上缓解过程工业给环境带来的影响，促进过程工业的可持续发展，从而提出了 PISEA 的概念。PISEA 就是战略环境评价原则在过程工业领域中的应用，对战略层面上的过程工业相关政策、计划、规划进行环境影响评价，其结果与社会、经济、文化、安全及健康分析结果一起作为过程工业发展战略决策的依据，从而促进过程工业领域的可持续发展。

由于中国现行环境治理政策的设计、执行和实施不能有效纳入经济发展和决策过程的主流，不能从根源上解决环境治理的问题，乃至引发了经济发展与环境保护矛盾却难以克服，表现在过程工业环境治理上则为典型的“末端治理”特征。PISEA 最重要的是要体现环境管理全过程控制思想，因此在确定环境管理全过程控制分析框架前，应首先初步界定环境管理全过程控制概念。环境问题涉及矿业、冶金、化工、材料、计算机自动化等许多行业的知识，因为许多环境问题是从工业生产过程（过程工业）中衍生而来的，比如冶金工业流程：采矿—选矿—炼铁—炼钢—轧钢—机械加工—信息自动化，这个长链产生了许多环境污染问题。存在污染问题就需要我们去处理，处理其中的环境问题就必须了解上述工艺中的技术环节，了解工艺过程中环境污染问题出现的关键点，然后借助相应的行业技术，按照环境标准去解决污染问题。此即环境管理全过程控制的一个比较形象的概念设定。

实际上，环境管理全过程控制分析框架主要是提供了一种环境管理模式。模式仅仅是一种方法，研究者根据自己的认识、需要和目的，通常采取一种简化和理想化的方法，这种方法就是模式方法，马克斯·韦伯通常把它称为理想类型。成功的经济模式总是依赖于对某种先进的科学实验和创新思维的认识与把握，全过程控制思想分析框架就是体现在过程工业行业（部门）的系统思想，是一种运用系统科学来指导过程工业开发活动的方法。建立在过程工业开发过程污染控制基础上的新型环境管理模式应合理借鉴理想类型模式的诉求方法，同时我们也试图将其他方法论导入环境社会治理的研究范式中来，这的确是全过程控制分析框架所应汲取的，也是全过程控制分析框架研究的一条选择路径。

1.2.5.2 我国开展 PISEA 的可行性及意义

过程工业和 SEA 都是资源开发与环境保护领域的焦点，由于过程工业为工业化进程提供必备的原料基础，它对经济、社会和环境的协调发展具有重要作用，而 SEA 作为一种评价手段，在拓展完善项目 EIA 的同时，又可以作为贯彻可持续目标的一种操作方法，促进可持续发展。

目前，许多发达国家正在研究绿色化学、绿色技术、清洁生产等微观过程工业领域。1996 年美国哥顿会议第一次以“环境无害有机合成”为题，提出“化学的绿色发展方向”，此后其他国家纷纷效仿，跟踪类似微观过程的清洁生产研究。而对过程工业整体评价的相关研究还处于探索阶段，如美国率先发起绿色技术评价的研究，加拿大政府对此也十分重视，成立了 ETV Canada Inc.，委托该公司指导全国有关部门开展此项研究工作。

PISEA 是在过程工业领域环境问题的紧迫性与现实必要性以及 SEA 学科构建的基础上提出来的。在我国，关于过程工业环境评价的研究很少，目前也仅限于清洁生产等微观过程领域，绿色制造的 SEA 领域尚未从整体战略进行系统性评价。开展此项研究和探讨，将有利于从战略层次上评价过程工业的发展途径和措施，从而促进产业结构、产业政策的合理化调整，保证实施清洁生产，以使 ISO 14000 环境管理体系标准得到更好的贯彻。进行 PISEA 研究，使得污染问题在整个生命周期过程中得到全面预防与控制，进而实现经济与环境的优化目标。

通过对过程工业开发的重大战略环境影响进行评估，对于存在的或可能产生的环境影响加以科学性、可操作性的评估，并提出有效合理的环境减缓对策，可以从源头上杜绝宏观环境管理决策内容失误、组织失效、执行失真引发的环境问题。这对于过程工业开发重大战略运行、落实可持续发展理念具有十分重要的意义。

依据中国现实国情与 SEA 的实际可操作性情况，作为一种前期的理论奠基与实践探索，希望 PISEA 的研究能引起行业以及跨行业专家学者的注意。

1.3　研究目的与研究内容

1.3.1　研究目的

本书旨在通过把握环境评价技术和环境管理科学理念的发展脉络，根据过程工业行业可持续发展的要求，构建新形势下的 PISEA 环境管理体系，为过程工业开发决策提供技术支撑和科学依据，并应用于过程工业实践及行业工业生态园。具体如下。

（1）提出 PISEA 的理论基础体系

作为一门辅助行业决策的技术，PISEA 必须具备明确的理论作为基础指导。在融合环境科学、工业生态学、耗散结构理论、技术哲学、环境管理科学和政策科学等多学科于一体的层面上，建构 PISEA 的理论基础架构，提出 PISEA 应当以耗散结构理论及工业生态学相关理论为基础，深入系统地剖析该理论基础的内涵和原则。

（2）解析 PISEA 的发生机理

通过探讨 PISEA 的发生机理，结合过程工业行业的特殊性，阐明 PISEA 特有的概念，对过程工业开发系统及其生态化转向的系列性问题进行全面解析，为 PISEA 理论方法体系建构提供机理层面的支持。

（3）构建 PISEA 的方法体系及技术架构

如何实现过程工业与环境资源和谐地、持续地发展已成为行业迫切需要解决的、关系到未来行业生存的大问题。过程工业的特殊性是在这一行业门类内开展战略环境评价的内在要求。因此根据耗散结构理论及工业生态学的要求，本书通过分析过程工业开发生态系统的特征，识别过程工业行业运行机制及其环境影响。在此基础上，构建适应耗散结构理论及工业生态学要求的 PISEA 方法体系和技术架构。

（4）实证分析

将 PISEA 理论方法体系引入硼行业相关实例中，通过实证分析，检验 PISEA 的理论、方法体系，从而指导过程工业开发实践。战略环境评价作为环境管理的有力工具之一，成为过程工业行业部门从微观环境管理到宏观环境管理机制的转型切入点。

1.3.2 研究内容与思路

本书依据研究目的及整体布局，分为 PISEA 的理论基础分析、发生机理、方法学框架体系以及实证分析四个环节的研究内容。具体研究思路如图 1-4 所示。

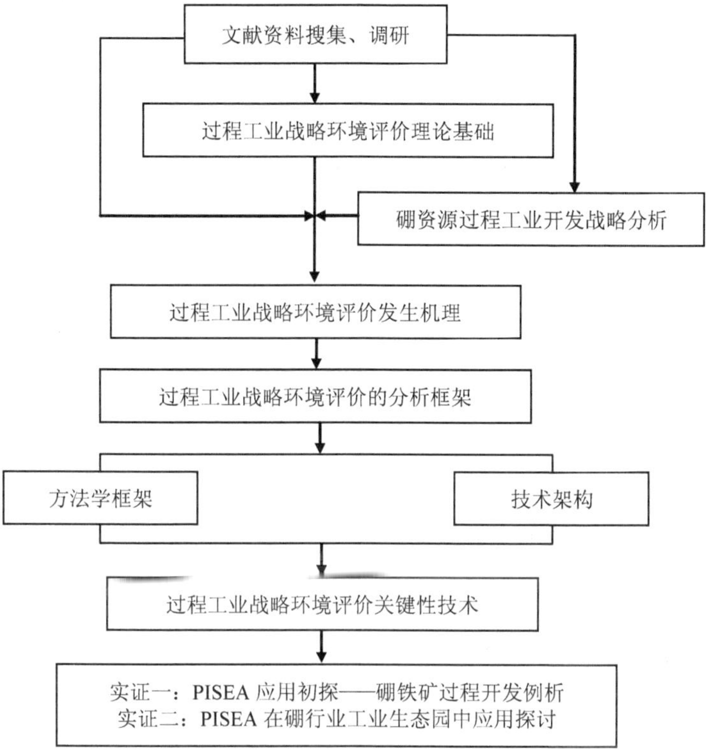

图 1-4　研究思路

首先，通过全面搜集、研读国内外文献，阐明战略环境评价在诸多行业领域内的应用情况。同时在借鉴环境科学、耗散结构理论、工业生态学、技术哲学、政策科学、环境管理科学等多学科理论内涵基础上，提出过程工业战略环境评价的理论基础架构；结合硼资源过程工业开发战略分析的行业背景，剖析过程工业开发战略体系构成及其环境影响的发生机理。其次，构建耗散结构理论及工业生态学理论指导下的 PISEA 方法学框架及技术架构。最后，结合案例进行实证研究。其中包括两个案例，案例一以硼铁矿开发过程为实际案例，进行行业战略环境评价的实证研究，为过程工业战略环境评价实践提供参考。案例二将过程工业战略环境评价的方法体系应用到模拟构建的硼行业工业生态园的规划框架中（其中硼铁矿行业工业生态园涉及的主导技术包括硼铁矿、硼酸、硼砂等制取利用过程的技术路径），分析产业链条中的累积环境效应情况，为硼铁矿行业工业生态园的规划构建提供资源环境层面的决策信息支持。

1.4 本书创新点

目前我国刚刚初步建立起国家生态安全视野，从战略环境评价视角对过程工业行业（部门）环境管理进行研究，从总体而言是一种创新。

具体地说，本书的创新点有：

（1）首次将 SEA 引入过程工业行业（部门）领域，提出 PISEA 的理论体系，把耗散结构理论以及以工业生态学理论为主体的多学科理论方法整合到 SEA 评价体系中，丰富了 SEA 技术方法体系。

（2）透过技术哲学视角，提出了 PISEA 研究的本质属性。同时引入技术社会化概念，将 STS（科学、技术与社会）的思想理念贯穿 PISEA 理论体系架构全过程，从而体现 PISEA 所肇始的生态环境价值。

（3）通过对研究范畴内的系列基本概念进行界定，本书提出了过程工业开发系统这一 PISEA 特有的原始概念，分析了过程工业开发系统的耗散结构表征及其生态化转向与稳定性条件等问题，在这个基础上探讨了过程工业开发战略的环境影响发生机理。

（4）由于过程工业开发战略的复杂性与不确定性，结合过程工业开发战略的生命周期特点，突破传统环境影响评价的单一程序化分析思路框架，建构了多元分析维度的 PISEA 方法论框架及技术架构。

（5）结合硼铁矿过程开发及硼行业工业生态园建设的实际例证，对

PISEA 的应用进行模拟、解析研究，以此检验理论的正确性与可行性，从而印证了 PISEA 理论研究与实践应用的逻辑可能性。此外，硼铁矿及硼行业具有冶金、化工等多行业的过程工业表征，开展硼行业的战略环境评价研究对推动冶金、化工等过程工业行业宏观环境管理具有一定程度的示范作用，有利于推动行业内部实现从传统微观环境管理到宏观环境管理的转型进程。

第2章　PISEA理论基础

过程工业行业开发中处于项目层面的环境影响评价，其评价尺度仅限于单维层面（自然环境）的环境影响分析，因而无法全面考虑过程工业开发战略多维层面（自然环境与非自然环境）的影响。尽管战略环境评价相比项目层面环境影响评价存在很大优势，但由于战略环境评价属于环境影响评价发展新阶段，其理论基础研究尚显薄弱。正是在这样一个思路上，本章提出PISEA的理论基础，试图从过程工业行业实际出发，探索并进一步丰富战略环境评价在实践层次的经验。

2.1　PISEA理论基础构架

通过架构PISEA理论体系使多学科融合为一体，共同为PISEA研究提供强有力的理论支撑。必须指出的是，过程工业与工业生态学理论体系有着较强的关联性，如果从工业生态学学科体系角度出发可以较好地将PISEA理论体系基础建构起来（图2-1）。

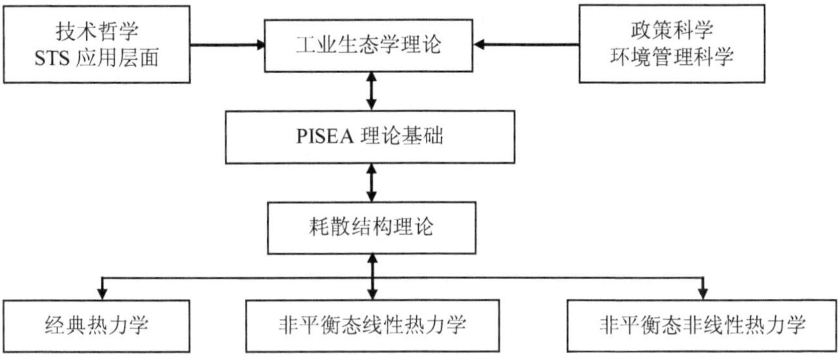

图 2-1　PISEA 理论基础构架

2.1.1　耗散结构理论

耗散结构（Dissipative Structure）理论是比利时布鲁塞尔学派的普利高津（I. llyaPrigogine）教授针对非平衡统计物理学的发展而提出的一种科学理论。耗散结构理论建立在经典热力学基础上，是对线性非平衡态热力学的拓展。线性非平衡态热力学理论的一个重要成果是最小熵产生原理。根据此原理，在近平衡态下，与外界强加的限制相适应的非平衡定义的熵具有极小值。然而热力学平衡态及近平衡态线性区域内的稳定态在现实中很少见，更普遍的情况还是处在变化中的非平衡态，这就使最小熵产生原理的拓展到了极限。耗散结构理论能较好地解释上述问题。其理论概括如下：

第一，耗散结构发生在远离平衡状态的开放系统中，它要靠外界不断提供能量或物质才能维持开放性。

第二，耗散结构发生的系统必须有非线性作用机制。

第三，耗散结构发生必须存在随机“涨落”的外界刺激。

第四，只有当控制参数达到一定阈值时，才能出现突变性。

值得注意的是，控制参数中的阈值是使系统失稳，同时形成新的稳定态的关键。当这一控制参数不断增大时，我们得到逐次相继的二分支。在所修正的开放系统耗散结构演变进程中（图 2-2），当$\lambda < \lambda_c$时，有单一解值；而当$\lambda > \lambda_c$时，解变为多值。对含有二分支系统的每种描述，将包含有确定的和随机的两种因素。

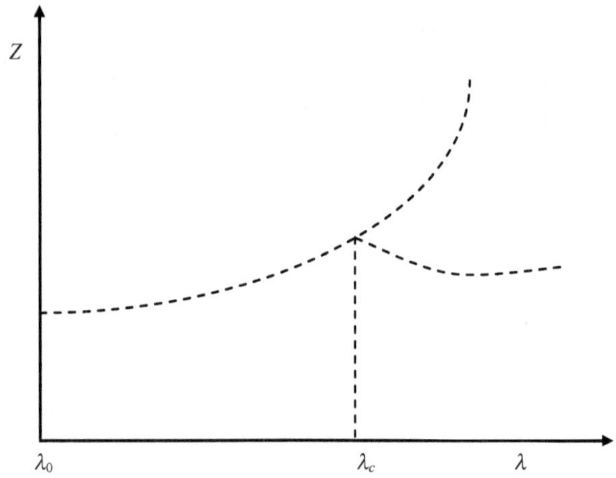

注：Z——系统“涨落”处于某种状态时对应的特征参数阈值；λ——系统“涨落”处于的某种状态；λ_0——系统“涨落”处于初始状态；λ_c——系统“涨落”处于临界稳定状态。

图 2-2　开放系统耗散结构演变

必须指出，耗散结构理论作为一种自然科学方法，当引入到复杂的非物理化学系统中时，其定量化难度加大，基本上只能对非物理化学系统的演变进行一种总体的、趋势性的、半定量甚至是定性的描述或评判。

2.1.2　工业生态学理论

2.1.2.1　工业生态学概念及特征

工业生态学（Industrial Ecology）是一门研究人类工业系统和自然环

境之间相互作用的学科。1989 年美国通用汽车公司研究部副总裁罗伯特·福布什（Frosch Robert）与负责发动机研究的尼古拉斯·加罗布洛斯（Nicolas Gallopoulos）在期刊《科学美国人》上发表了题为《可持续工业发展战略》的文章，在文章中正式提出了工业生态学的概念。在他们看来，工业生产中没有绝对的废物，都是资源，工业生产和环境保护并不总是相互对立的，通过适当的处理，两者完全可以实现统一。然而迄今为止，在国际范围内还未形成一个统一的工业生态学定义，但工业生态学所具有的特征逐渐得到了人们的共识：工业生态学强调跨学科融合，对产业路径进行设计，为公共政策设计提供现实基础等。

2.1.2.2　工业生态学的系统分析工具

工业生态学的系统分析方法很多，本书试图对多种方法进行整合统一，从而完善工业生态学的分析工具。

（1）工业代谢

工业代谢研究方法的依据是质量守恒定律。工业代谢研究的方法论在于建立物质结算表，估算物质流动与储存的数量，描绘其行进的路线和复杂的动力学机制，同时也指出它们的物理和化学状态。工业代谢分析方法已经被广泛运用，涉及重金属、日用消费品、钢铁、铜、铝、铅、磷、半导体产品等工业代谢分析。

对于工业代谢的运行机理可以分为对象代谢识别、对象代谢的环境影响评价、对象代谢的动力学驱动机制模式、代谢公共环境政策控制分析和环境因素影响分析等几个环节（图 2-3）。

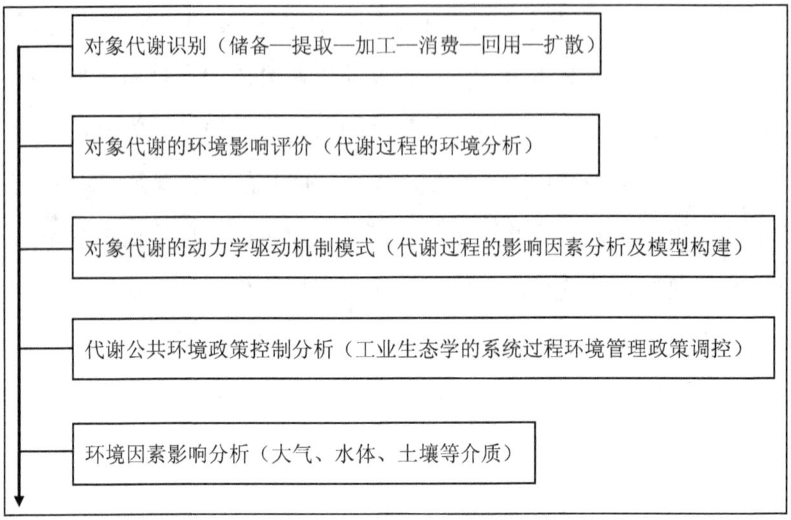

图 2-3　工业代谢分析框架

（2）生命周期评价

生命周期评价（Life Cycle Assessment，LCA）的产生基于生命周期思想，LCA 的本质是检查、识别和评估一种材料、过程、产品或系统在其整个生命周期中的环境影响，最终将链条中的环境问题反映到决策中。国际环境毒理学与化学学会（International Society of Environmental Toxicology and Chemistry，SETAC）出版的报告《业务守则》（*Code of Practice*）将 LCA 分为 4 个有机组成环节，即目标和范围确定、清单分析、影响评价以及改善评价。LCA 方法从提出就得到了迅速的发展，但其应用范围、评估范围、评估方法等都存在一定的局限性，这些都有可能造成最终分析结果的偏差。

（3）工业共生

工业共生的实质就是如何规划设计工业生态系统，即构建工业生态园。工业生态园可以分成 4 种类型：①单一企业型（Within Single Facility），在这类生态产业园中，材料或者产品交换在单个机构内部开展。②工业园区型（Among Co-located Firms in a Defined Industrial Area），在这类工业生态园区中，可能在同一产业园区内，把相关企业组织起来开展能量、水和物质交换。③企业自发型（Among Near-by Firms not Co-located），即相距不远的企业之间发生物质、能量交换。④虚拟型（Among Firms Organized Across a Broader Region），这类生态工业园在较大空间范围内进行物质交换，它可以包括上述四类生态产业园的各种组合。

2.1.3　技术哲学

2.1.3.1　技术社会化

技术哲学本体论首先强调技术概念及表征，其属于元哲学的范畴。技术作为人对自然能动作用的关系范畴，其中的技术社会化受到相关理论指导与约束、社会经济发展的影响和制约，PISEA 理论作为一门社会技术也是如此。深入认识技术社会化层面的哲学含义，对于探讨 PISEA 理论很有裨益。

技术社会化实质上已经发展为当下的科学、技术与社会（Science、Technology and Society，STS）研究。其囊括内容非常广，涉及技术对社会的影响、社会对技术的反作用等，从 STS 本义出发，技术与社会之间的关系非常复杂，一方面强调了技术对社会发展的作用与影响，另一方面强调了社会对技术及其发展所起到的作用。借用 STS 相关理论研究 PISEA 中的科技与社会问题，必须认识到上述问题，既不能单纯地强调技术影响性，也不能单纯强调非技术影响性，应准确理解和把握技术与社会的互动性。

2.1.3.2 STS 的应用性

STS 来自技术社会化思想，具有极强的实践应用性，被广泛应用于与技术密切相关的生存环境和社会生产、生活中。应用领域主要包括科学技术与公共政策、环境生态等跨学科问题。目前包括麻省理工学院、华盛顿大学、卡内基-梅隆大学等在内的知名大学都建立了相应的科学技术与公共政策（Science，Technology and Public Policy，STPP）或科学、工程与公共政策（Science，Engineering and Public Policy，SEPP）研究机构，开展对 STS 实践应用机制问题的探索性研究工作。

2.1.4 政策科学

政策科学是一个跨学科、综合性的研究领域，有不同的研究途径、方法或观点。首先，政策科学可以从不同的社会科学学科的框架中进行研究，在西方（美国）政策科学的发展中，形成了几种较有影响的学科途径，即政治学途径、经济学途径和社会心理学途径。其次，可以从某些社会科学的理论、假设或模型出发来研究公共政策及其过程，由此形成的研究途径更是多种多样。本章对托马斯 •戴伊（Thomas R. Dye）在《理解公共政策》、詹姆斯 • E. 安德森（James E. Anderson）在《公共决策》中对政策科学的研究方法及观点进行了系统性总结（表 2-1）。

西方政策科学的 5 种研究途径分别从不同的角度突出了公共政策研究的某些方面，都有各自的合理性，又都具有明显的缺陷。对于 PISEA 研究来说，应该保持综合、灵活的态度，根据不同政策的实际情况，采用不同的研究方法或途径。

表 2-1 政策科学的研究路径

路径名称	特点
系统途径	从系统论的角度来研究公共政策问题，将公共政策看作对周围环境所提出的要求的反应，即政治系统的输出
过程途径	将政策看作一种政治行为或政治行动，通过政治与政策的关系对政策的政治行为进行阶段性或程序化研究，这显然是行为主义政治学观点在公共政策研究上的反映
团体途径	将公共政策看作利益集团之间相互作用、相互斗争以及彼此协商、约定和妥协的产物
精英途径	公共政策是那些居统治地位的领袖人物的偏好和价值观的反映
制度途径	将政策看作政府机构或体制的产出，忽视政策的政治过程，片面强调制度的作用

2.1.5 环境管理科学

2.1.5.1 环境管理的演变进程

环境管理科学是以环境科学体系为主线的一项系统工程，它具有自然科学与社会科学相结合、软科学与硬科学相结合、宏观科学与微观科学相结合的特征。在社会经济发展进程中，人们对环境问题的认识程度，是与人们对环境管理演变进程的认识程度密切相关的，其演变进程归纳如表 2-2 所示。

表 2-2 环境管理演变进程及特点

演变进程	特点
把环境问题作为一个技术性问题	以治理污染为主要管理手段的阶段，这个时期以“末端治理”最为典型。这一时期的工作对于减轻污染、缓解环境与人类之间的尖锐矛盾起了很大的作用。但总体来说，这一时期的工作因为没有从杜绝产生环境问题的根源入手，因而并没能从根本上解决环境问题

演变进程	特点
把环境问题作为一个经济问题	以经济刺激为主要管理手段的阶段。这一时期环境管理思想和原则变为“外部性成本内在化”，即设法将环境的成本内在化转移到产品的成本中去。具体来说就是通过对自然环境和自然资源进行赋值，使环境污染和破坏的成本在一定程度上由经济开发建设行为担负
把环境问题作为一个发展问题	以协调经济发展与环境保护关系为管理手段，即进行可持续发展

2.1.5.2 环境管理的对象、内容、手段及技术支持

从环境管理演变进程来看，人们对环境问题的认识程度是逐渐变化的。因此，人类的社会经济活动是环境管理的对象，而个人、企业、政府等人类活动的主体驾驭物则是环境管理应该关注的焦点。

环境管理的内容一般是从政府的环境管理行为角度划分为环境质量管理和生态环境管理。环境质量管理随着认识程度及技术手段的不同，其内容在不断变化、发展。生态环境管理一般包括水资源管理、土地资源管理、矿产资源管理及生物资源管理。环境管理手段在我国涉及行政手段、经济手段、宣传教育手段、技术手段等。环境管理的技术支持包括环境监测、环境预测、环境标准、环境审定以及环境管理信息系统等方面。

2.2 PISEA 本质属性

从技术哲学角度来看，在现代社会中，技术对政治、经济、文化及社会产生了广泛的、复杂的影响，技术应用后果也表现出明显的双重性，对技术应用后果的宏观评价已经成为各种政策研究的重要内容。技术包括传统工程技术及当代逐渐认可的社会技术，PISEA 作为战略环境评价这样一

种社会技术，作用在过程工业实践领域这一工程技术类型内，理应具备上述表征。按照这样一个思路，PISEA 是指达到预期环境治理目标可供选择的系统及途径，它要求分析 PISEA 与社会各因素的相关影响，因此 PISEA 实质上是一种与社会技术有关的宏观决策分析活动，把握社会技术应用前景的正负影响，实现过程工业可持续发展是其主要目的。也正是在此意义上，PISEA 的本质属性包括主体与客体、目的与标准以及内容与方法等层面。

2.2.1 PISEA 的主体与客体

从技术哲学角度来说，PISEA 的评价主体可以理解为社会中人的活动过程—— 一个由多主体参与的或由一个社会主体完成的特殊活动过程。评价客体是描述相关活动过程所影响的环境，包括自然环境与非自然环境。两者的基本关系是主体认识、改造、利用、保护环境客体。在主体与客体之间的辩证关系中，与此相关的心理背景制约着主体的评价行为。因此，评价活动是一个复杂的、主体与客体间的相关建构过程，主体的心理背景状况作为建构基础的一个重要方面，必然对评价的过程和结果产生影响。因此，PISEA 的评价主体和客体统一于"过程工业（技术）—资源—环境—社会"这一耗散结构体中，这就要求必须在耗散结构理论指导下认识人与环境的相互作用关系。

在 PISEA 的操作环节中，由于过程工业开发战略形式的复杂性和多样性，评价主体具有不同层次，如个体、群体及社会（社会以舆论、社会思潮等形式进行评价），也可以是具体行政机构、司法机构、研究机构或者公众。评价客体是过程工业行业不同层次的相关法规、政策、计划和规划等战略决策，这些战略决策作用的空间范围往往具有区域性，时间范围往往具有长期性，同时其产生的影响不仅局限于环境污染，也包括过程工业开发活动的生命周期全过程的结构和功能的变化，因此，只有以耗散结构理论及工业生态学为指导，才能科学地、全面地认识战略的环境影响。

2.2.2 PISEA的目的和标准

PISEA 的评价目的是解决过程工业行业开发过程与环境影响的协调问题。对于过程工业行业来说，环境问题有不同的表现形式，如环境污染问题、植被破坏问题、滑坡问题，等等；只是在传统过程工业领域的环境影响评价分析中，人们关注最多的是环境介质中工业排放的污染物浓度增加的问题。从战略环境评价视角看，过程工业中环境问题的根源在于决策层忽视了过程工业开发活动对区域生态系统的干扰性，干扰稍微一大，就会出现耗散结构理论所提到的环境阈值“突变”，导致行业环境危机。因此，要从根本上解决过程工业行业的资源环境问题，PISEA 就不能局限于污染控制，而应该把评估范围拓宽。

生态哲学认为，自然价值概念不仅是经济学概念，也是伦理学和哲学概念。自然价值概念作为自然事物的客观属性的理论概括，不能归结为人类的资源。它除了表示生命和自然界作为资源对于人类具有商品性和非商品性价值外，还具有以其自身为尺度的价值，即内在价值。就这个角度而言，PISEA 本质上是一种对自然价值的多维度判断，因此其也具有经济学、伦理学及哲学的内涵，从而必须建立价值准则即评价标准来作为 PISEA 本身的一种尺度。

从 PISEA 的主体与客体关系看，主体与客体构成了价值关系的两端。由于过程工业行业战略的影响具有复杂性和多样性，当客体满足了主体的某种需要，它们就构成了一种价值关系，其评价标准并不单纯指传统自然环境中的环境质量单维标准，还包括非自然环境因素中的多维标准等方面。

2.2.3 PISEA 的内容和方法

PISEA 的评价内容是过程工业开发活动对生态系统所造成的各种影响，包括对传统自然环境因素的影响和对非自然环境因素的影响。除了主要考察污染物排放和环境质量的指标外，还应重视环境影响的经济损益分析、清洁生产、生命周期分析、总量控制以及可持续发展等思想和内容。因此应引入耗散结构理论及工业生态学理论分析工具，进行全面识别和预测。

正因为 PISEA 的评价内容复杂广泛，必须运用多学科的技术手段才能进行系统性评价。而耗散结构理论及工业生态学理论分析也要求融合多学科的知识，包括自然科学的工具和数据以及人文社会科学的社会技术，来调控生态系统和过程工业开发活动因素，从而找到两者的平衡点。可见两者具有内在的统一性。事实上，马克思早就预言：“自然科学往后将包括关于人的科学，正像关于人的科学包括自然科学一样，这将是一门科学。”

因此，通过上述对 PISEA 的主体和客体、目的和标准、内容和方法等层面的分析，本书认为，PISEA 必须以耗散结构理论及工业生态学理论为分析工具与方法基础，在理论研究及实践探索方面取得有益的尝试性工作。

2.3 PISEA 的基本原则

本章提出 PISEA 以耗散结构理论及工业生态学理论分析工具与方法为基础，其实质在于，PISEA 应根据耗散结构理论及工业生态学理论原则要求，维护过程工业开发与环境协调发展，进而达到 PISEA 系统健康、友好发展的目的。本节提出了在耗散结构理论及工业生态学理论指导框架下的 PISEA 应遵循的几项基本原则，即及早介入原则、构建一个过程工业生态系统有机体原则、将关注焦点集中到全过程开发中的原则、区域性和累积影响原则以及公众参与原则、政策性原则、协调性原则。

（1）及早介入原则

及早介入是耗散结构理论中所强调的系统由“平衡态”到“非平衡态”的必要条件。PISEA 的重点在于其过程，而不是最终的结论，只有在战略定型前介入，才能使其成为帮助战略形成的内在因素，而不是事后被动的补救过程。PISEA 工作应尽可能在决策的源头介入，国内外实践结果表明，评价介入的时间越早，评价效果越好。及早介入的原则要求以法规形式明确战略环境评价的早期介入机制，包括介入的层次和时间等。

（2）构建一个过程工业生态系统有机体原则

开展 PISEA 研究的课题与以往的课题有较大的区别，原因在于其关注的尺度已不仅仅限于微观、中观尺度，而是要拓展到更大的尺度，即战略—政策—规划—计划—项目全过程这样一个宏观视野，例如构建一个以过程工业开发全过程为主线、以工业生态系统为研究对象的评价范畴，以工业生态系统为平台载体，从不同尺度（宏观、中观、微观）对战略环境评价分析对象进行分析。

（3）将关注焦点集中到全过程开发中的原则

PISEA 的现实优势在于考虑污染预防，从决策源头进行环境管制，但更不能忽视过程的环境控制，PISEA 提供了一个环境管理的全过程控制思路，这一点与工业生态学的思想方法是一致的。从全过程来说，传统过程工业关注点在于资源开采、选矿加工、消费等这样一个产业链条，而战略环境评价关注点把这个全过程拓展后增加了一个纵向全过程，横、纵全过程交叉耦合，相互影响。PISEA 关注焦点集中在了横、纵全过程以及交叉耦合上，而这种交叉耦合是通过许多相关“流”融合在一起，比如横向流包括物质流、能量流、技术流等，纵向流包括政策流、规划流等。从系统论的观点来看，多种“流”应该互相影响、沟通，达到协调，从而推动过程工业行业可持续发展（具体分析详见第 5 章）。

（4）区域性和累积影响原则

许多过程工业行业涉及的项目为节省投资和提高经济效益，其区域性集中或靠拢的趋势越来越强，因而环境影响也更多地表现为区域性质。单就硼铁矿资源开发来说更是如此，硼铁矿属于典型的东北老工业基地特有的稀缺资源。区域性资源开发所带来的环境污染累积影响问题是一直困扰业内研究的难题，通过对区域资源开发所导致的环境污染累积影响驱动机制的生命周期进行分析，找出问题的根源所在，从而较好地评价区域性的累积影响，为宏观决策提供污染防治信息。

累积性影响的管理经验最令人信服的证明是需要将重点从项目转向规划，因为事实证明，许多中小型项目的累积效应常常要比某些大项目更大。当累积影响变得明显的时候，系统已经极大地退化，常常超过了恢复的界限或至少不能恢复至原有的生产力。从这个意义上说，累积影响分析是硼铁矿过程开发中资源利用与环境管理的基础性和根本性原则，是进行环境规划与管理的有效工具。

（5）公众参与原则

“公众”一词通常是指非政府机构、团体及个人。战略环境评价重点在于环境治理全过程（横向、纵向生命周期全过程），而不是“末端治理”。在这样两个交叉耦合全过程的公众参与进程中，有两种情况值得注意，其一，公众参与人群仅限于与拟开发活动有直接关系的少数部门；其二，公众参与人群包括所有因拟开发项目产生重大有害影响的人群。实际上，对于战略环境评价的公众参与境况，在拟开发工作可能产生有害影响上的争议越激烈，公众参与的必要性就越大。有效的公众参与缺少的是意愿与方法，在这个方面，美国环境专家 Jens Sorensen 及 Niels West 所提供的公众参与机制框架值得借鉴，该框架包括 4 个环节：为什么要让公众参与、谁参与、何时参与以及如何参与。

（6）政策性原则

PISEA 应当贯彻国家环境政策，实行法制管理。

（7）协调性原则

PISEA 必须综合考虑环境与社会、经济的协调发展，特别注重人与自然的协调发展。

2.4 本章小结

以耗散结构及工业生态学理论为主体基础的多学科群落构架了 PISEA 理论基础。

（1）PISEA 理论基础涉足多学科，具体包括耗散结构理论、工业生态学理论、技术哲学、政策科学和环境管理科学等，其架构实现了多学科融合集成性。

（2）从技术哲学视角阐释了 PISEA 的本质属性。研究表明，PISEA 属于技术哲学视角中的社会技术范畴，其本质属性包括主客二分性、目的及标准、内容及方法等层面。在这个基础上，提出了 PISEA 应遵循的几项原则。研究表明，本质属性与原则的提出对 PISEA 后续研究提供了理论逻辑点。

第3章　中国硼资源过程工业开发的战略分析

本章介绍了我国硼资源开发利用过程中涉及的相关资源、环境及生态问题的基本态势，为后续研究展现相依托的行业发展现状背景。

3.1　中国硼资源过程工业开发概况

目前，世界硼矿储量约1.7亿t（B_2O_3），远景储量4.7亿t（B_2O_3）。储量较多的国家依次为美国、俄罗斯、土耳其、中国和哈萨克斯坦等国，五国储量合计占世界总量的90%左右。我国的硼矿主要是沉积变质型和盐湖沉积型，分别集中于东北地区和青藏地区，硼矿资源分布十分稀散，具有工业价值的高品位硼矿很少。硼矿生产矿点虽多，但矿山生产能力小，据统计，目前全国有13个省和自治区内共发现9种类型的含硼矿物，具有工业利用价值的不多。按区域资源分布包括辽东翁泉沟硼铁矿资源、营口地区的硼镁矿资源、西藏天然硼砂及硼镁矿资源、青海硼矿及盐湖含硼资源等。当前随着硼资源被大规模勘探和开发，硼资源综合利用取得了一定成绩，但综合利用率仍然很低。从长远来看，中国硼资源的保证程度不容乐观，因此开展硼资源综合利用成为缓解资源紧张的必然趋势。

3.1.1 辽东翁泉沟硼铁矿资源

辽东翁泉沟硼铁矿床是我国特大型硼资源基地，已探明储量 2.8 亿 t，其中 B_2O_3 储量 2 185 万 t，占全国总储量的 58%。该矿床于 1958 年被发现，位于辽宁省凤城市刘家河乡与西门子乡的交界处。该矿床是具有综合利用价值的大型多元素共生矿，但由于该矿床成分复杂、矿物种类多、有用矿嵌布粒度细、硼铁铀镁分离和提取难度大等原因，20 多年来，地质、冶金、化工等部门的一些研究单位曾先后进行过大量的研究工作，试图分选出硼、铁、铀的单一合格精矿，供冶金化工使用，但始终未能如愿。即使将矿石磨至 320 目，也很难将铁、硼、铀分离，而且 B_2O_3 回收率只有 50%左右。该矿多年来迟迟未能开发利用的另一重要原因是该矿石含铀。为探讨翁泉沟矿这一大型硼资源的综合利用，有关部门和研究所共同攻关，采用选冶（化工）联合工艺，确定了选矿的工艺流程，采用了磁选粗粒抛尾和阶段选别工艺的方法，使嵌布粒度较粗的脉石优先解离，用较简单的磁选方法将矿石中大部分脉石分出，使选矿产品中镁硼比降低，不仅有利于化工提取或熔炼分离，而且 B_2O_3 的回收率提高到了 89.94%。

3.1.2 辽宁营口地区的硼镁矿资源

该地区的硼矿床与丹东地区的矿源属同一硼矿带——以大石桥一带的后仙峪、黄土岭等矿段为中心的硼矿资源。含硼矿物主要是板状和纤维硼镁石，夹有金云母等，外观清晰，纤维结构粒子粗、硬度大，呈乳白色或淡绿色夹有黑色铁石。营口地区的硼矿开发利用较丹东地区稍晚，但发展较快，现已建成大型现代化矿山。该矿储量较大，截至 1980 年年底，保有地质储量 500 多万 t，平均品位达 11.73%。研究表明，营口硼镁矿可采用烧碱法进行加工。经过 40 多年的开采加工，到目前为止，有 9 家大小硼矿在开采，硼加工厂已发展到 13 家，现已成为我国主要产硼地区。

3.1.3 西藏天然硼砂及硼镁矿资源

目前已发现的西藏硼镁矿主要分布在阿里地区革吉县的两个湖区中，一个位于革吉县盐湖区，另一个位于革吉县雄巴区的聂耳错湖区。还有一个硼镁矿区叫基布茶卡，规模较小。

（1）天然硼砂矿

天然硼砂矿是含有天然硼砂及大量杂质的复杂混合物，按照 B_2O_3 的含量不同又可以分为天然硼砂粗矿和天然硼砂晶矿，其中天然硼矿粗矿灰白色粉，B_2O_3 含量为 8%～18%，而天然硼砂晶矿呈自然结晶状，其 B_2O_3 的含量可高达 25%～30%，甚至超过 30%。

（2）西藏硼镁矿

西藏硼镁矿主要来源为库水硼镁石和柱硼镁石矿床，是我国于 1961 年首次发现的新类型硼镁矿床，矿石矿物以库水硼镁石[$Mg(H_4B_3O_7)(OH)\cdot 5H_2O$]为主，其次为柱硼镁石（$MgB_2O_4\cdot 3H_2O$），共生少量多水硼镁石[$Mg(H_4B_3O_7)(OH)\cdot 5H_2O$]、钠硼解石｛$NaCa[B_5O_6(OH)_6]\cdot 5H_2O$｝等。硼酸盐沉积以出露于湖堤剖面中的层状硼酸盐沉积为主，具有较大的开采价值。其中包括扎仓茶卡的硼镁矿资源（富锂的硼酸盐盐湖）、聂尔错的硼镁矿资源（硼镁矿储量规模达中型）、基布茶卡硼镁矿区资源（以库水硼镁石为主）等。20 世纪 80 年代中期该矿石除用来作为制造无碱玻璃纤维的原料外，一般用其大部分与辽宁硼矿掺到一起用碳碱法加工制取硼砂，可以不进行焙烧便直接碳解。另外，青海化工厂、西安浐河化工厂用硫酸法分解工艺制取硼酸。

3.1.4　青海区域的硼资源

（1）钠硼解石的开发利用

青海的钠硼解石品位较高，属于易加工的一种硼矿石。20 世纪 60 年代初，我国西北地区的硼矿厂开始对该矿进行加工制取硼砂。采用的工艺路线有两种：一种为用纯碱或 $NaHCO_3$ 在常压或加压下进行分解，成品硼砂纯度为 97.5%；另一种方法是用碳化分解，提取硼砂。

（2）柱硼镁石的开发利用

柱硼镁石系硼镁石系列，我国早期加工开发是在 20 世纪 60 年代末 70 年代初，开原化工厂采用碳氨法分解制取硼酸获得成功。其工艺条件与辽宁硼矿差异不大。

3.2　硼资源过程工业开发的关键性技术评价

3.2.1　硼工业生态系统与生态工业

在硼资源开发全流程中，主要的加工环节是含硼母体产品——硼砂、硼酸的加工环节，该环节是硼工业生态系统的关键性技术，具体如图 3-1 所示。

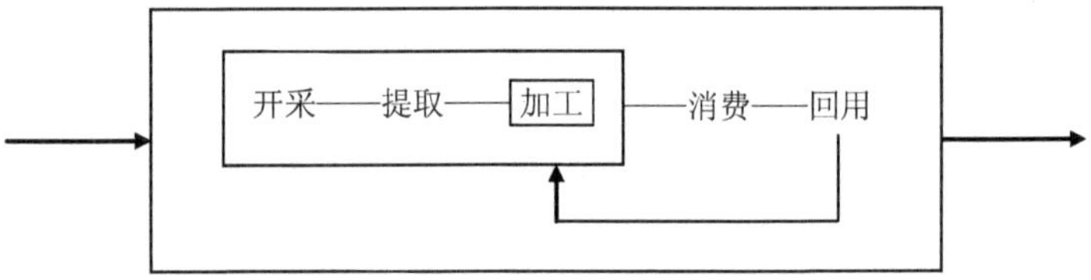

图 3-1　硼工业生态系统初步加工流程

针对流程工业的特点，国内一些研究机构目前已经陆续开展了相关研究，并取得了一定的成果，得到实践验证。硼资源开发全流程属于典型的流程工业，所以构建硼工业生态系统、发展生态工业最根本的是硼行业的关键性技术研发问题。我国的硼资源加工技术已经取得了较大的成果，但由于相关涉硼研究机构分散并且受资金等条件约束，因此目前大多涉硼关键性技术分散，不能很好地集成链接，这对于构建硼工业生态系统、发展生态工业的技术链接集成技术以及产业链条形成了很大的障碍。本书对硼资源开发全流程中加工环节的关键性技术进行可行性评价，并对未来硼行业的一些若干技术提出一些看法，希望能对发展硼行业生态工业有所裨益。

3.2.2　硼砂的生产加工技术

作为硼产品的一种，硼砂（$Na_2B_4O_7·10H_2O$）是一种重要的化工产品，广泛应用于冶金、陶瓷、航天等工业部门。我国自硼砂生产工业化以来，曾短时采用酸法，但是酸法腐蚀严重，对设备材质要求高，母液不能回收，硼收得率低，又需要较高硼矿品位，因此，该法到 1964 年被淘汰。与此同时，我国开始研究具有中国特色的碱法生产流程，即常压碱解法、加压碱解法、碳碱法等。

3.2.2.1　西藏天然硼砂矿生产硼砂

西藏天然硼砂矿所含杂质少、硼矿品位高，具有疏松、多孔、比表面积大的特性，因此该矿容易加工。目前工业上生产硼砂多采用碳碱法，但此法存在工业流程长、设备繁多等缺陷。目前已经研究出运用有机絮凝剂通过絮凝沉降的途径来提取硼砂，不仅工艺流程短、设备简单、“三废”排出量少，而且收得率可高达 94%以上，具有良好的经济效益和社会效益，是一种很好的生产方法。

3.2.2.2　硼镁矿制硼砂

硼镁矿在我国的硼资源中储量较大，主要分布于辽宁、西藏等地。辽宁的硼镁矿由于矿石坚硬，因此不易直接加工，需首先进行焙烧，然后在加压的情况下通入二氧化碳进行碱分解制取硼砂，工艺流程长、投资大、回收率低，资源浪费严重。近几年，在我国西藏发现的硼镁矿属于库水硼镁矿，所含杂质少，矿石品位较高，且具有疏松多孔、比表面积大的特性，所以加工相对容易。

（1）西藏硼镁矿制取硼砂

鉴于西藏硼镁矿自身特点，在常压下利用 Na_2CO_3、$NaHCO_3$ 作分解剂制取硼砂的生产工艺，不仅省去了矿石煅烧、加压碱解、碳化处理、蒸发浓缩工序，缩短了工艺流程，节约了建厂投资，而且分解率达 97%，收得率达 95%，产品质量符合 GB/T 537—1997 一等品标准（图 3-2）。

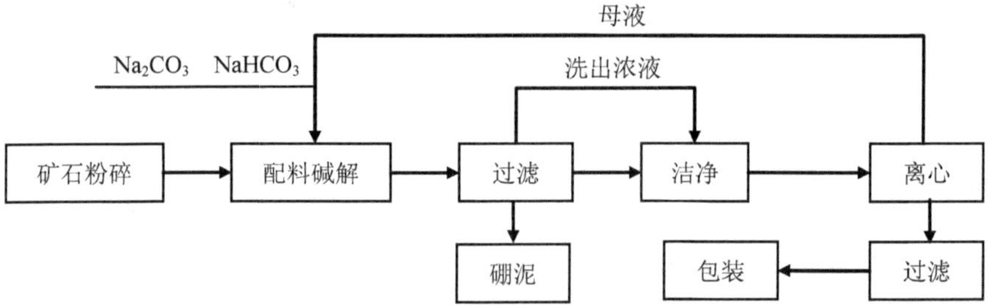

图 3-2　工艺流程

（2）其他地方硼镁矿制取硼砂

工业上由硼镁矿生产硼砂多采用碳碱法，还有常压碱解和加压碱解工艺，这三种工艺都需要经过预处理，即选矿、焙烧和粉碎。碳碱法加工硼镁矿制硼砂有操作条件好、适于加工低品位矿石的特点，还可应用于硼镁铁矿的综合利用中。

3.2.2.3　钠硼解石复合矿制取硼砂

西藏北部和青海海西地区有较大储量的高品位钠硼解石复合矿，但矿型特殊，缺乏经济合理的加工方法。为了更好地利用青藏地区的硼资源，根据该矿型的特点，采用两步碱解法制取硼砂，新工艺的实验结果表明（图 3-3），该方法收得率高、耗碱量低，与碳碱法相比，此工艺流程短、设备投资少，更易于工业化实施。

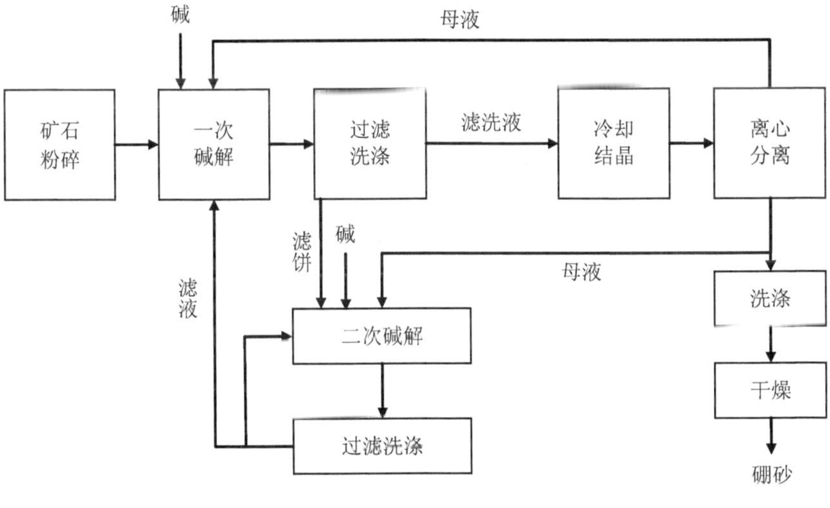

图 3-3　两步碱解法制取硼砂工艺流程

3.2.3　硼酸的生产加工技术

硼酸是一种重要的化工原料，目前我国工业硼酸生产有硫酸一步法和硼砂酸化法（两步法）。

3.2.3.1 硫酸一步法工艺

硫酸一步法是用硼镁石矿制取硼酸的主要方法，该法是在一定温度下用硫酸分解硼镁石矿，使矿石中的 B_2O_3 以 H_3BO_3 的形式转入液相中，然后分离出残渣和含硼酸的滤液，控制滤液中 H_3BO_3 和其他杂质的浓度，利用硼酸溶解度随温度降低而减小的性质，冷却滤液使硼酸从液相中析出。

该工艺具有无须焙烧、工艺技术成熟、流程简单等优点，被国内许多硼酸生产厂采用。硫酸一步法生产硼酸的预选提取率不高是其发展的主要障碍。

3.2.3.2 硼砂酸化法（两步法）工艺

硼砂酸化法（两步法）生产工艺主要是靠硼砂、硫酸中和，该法生产的硼酸量占全国总产量的 90%。分析此生产工艺，硼砂、硫酸中和的产物是硼酸和硫酸钠，它们的分离是依据在水溶液中不同温度下的溶解度特性，先低温冷却结晶出硼酸，后高温蒸发分离出硫酸钠，分离出硫酸钠后的母液返回硼砂溶解液进行循环。该法具有流程短、技术成熟、无环境污染等优点（图 3-4）。

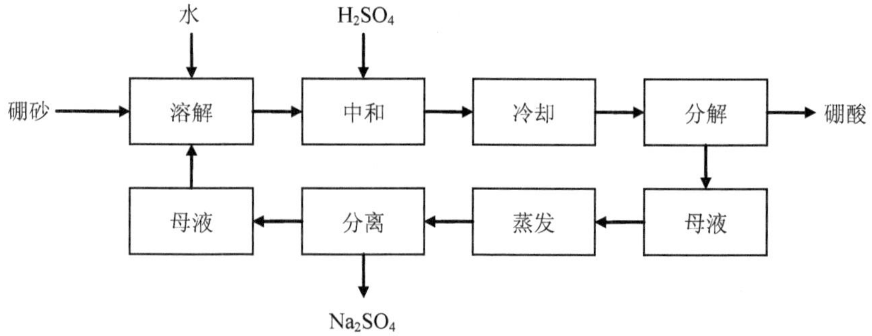

图 3-4 硼砂酸化法（两步法）工艺流程

3.2.4 金属硼酸盐的生产加工技术

（1）硼酸锌（ZB）阻燃剂

硼酸锌为白色结晶细微粉末，是一类无机添加型阻燃剂，按其不同组成划分，常用的硼酸锌有许多牌号，其中产量最大、应用最广泛的是 2335 型（$2ZnO \cdot 3B_2O_3 \cdot 3.5H_2O$）。该产品是 1970 年由美国硼砂和化学品公司开发的专利产品，商品名为 FirebrakeZB。硼酸锌的生产方法有高温固相反应法和硼酸中和法。

（2）硼酸铝晶须材料

硼酸铝晶须（$xAl_2O_3 \cdot yB_2O_3$）材料具有耐高温、耐酸和耐碱等化学性能。硼酸铝晶须的制备方法不少，从工艺路线上可以分为气相法、熔融法、助熔剂法和水热法。助熔剂法是在供氧化铝和供氧化硼的物质中加入助熔剂，产生硼酸铝晶须。水热法是用硼酸铝凝胶在反应器中加热、加压反应制得硼酸铝晶须。不同的制备方法制取的晶须组成和大小不同，收得率也不等。

（3）硼酸钙

硼酸钙（$CaO \cdot B_2O_3 \cdot xH_2O$）是一种重要的新兴化工产品，在我国尚处于研究开发阶段，还未形成一定规模的生产，其产品主要依赖进口。硼酸钙的生产方法很多，如硼酸石灰乳法、硼砂氯化钙石灰乳法、与硼砂生产配套的硼砂石灰乳法等，但工艺及成本等因素限制了这些方法的发展。根据营口地区硼矿的优势，发展了由多硼酸钠、石灰乳法制取硼酸钙的新工艺，以硼镁石制取硼砂的设备可直接生产硼酸钙，大大降低了设备投入和原材料、能源的消耗，开辟了生产硼酸钙的新途径。

3.2.5 其他硼化合物的生产加工技术

国外的含硼产品及硼精细化学品发展十分迅速，品种也很多，我国的硼化物工业近年来也有了很大的发展，除了上面介绍的几种，还有很多无机、有机硼酸盐产品，如用于核防护的重要材料硼-10 碳化硼、硼-10 系列产品，随着中国核电站的建立和发展，其需求量会很大；随着化学工业、汽车工业的发展，有机硼化物硼酸酯、烷基硼类、氟硼酸盐系列化合物、硼金属化合物及氮化硼等硼化合物生产也将迅猛发展起来。

3.2.6 硼铁矿火法分离工艺衍生关键性技术

辽东翁泉沟硼铁矿是中国特大型硼资源基地，是一个硼、铁共生并含铀的特大型沉积变质再造型硼矿床。由于选矿及铀的放射性问题，其至今未能得到较好的开发利用。东北大学、本溪钢铁集团等单位在国家“十五”科技攻关课题支持下，开发了硼铁矿火法分离工艺，掌握了提炼硼铁矿的关键性技术。但目前火法分离工艺以及相应生态产业链在实际应用过程中，无论是技术还是成本方面都存在暂时难以克服的障碍，需要在以后发展硼工业生态系统进程中不断完善。

3.3 硼泥资源化利用过程的关键性技术评价

3.3.1 硼泥的特性及其资源化利用的必要性

含硼废弃物即指硼泥。在硼砂生产过程中，一些脉石矿物同硼矿石一起焙烧、粉碎并参与化学反应后，留下的残渣，称之为硼泥。硼泥的组成与生产硼砂的原料及硼砂的生产工艺密切相关(生产硼砂的主要原料是硼镁矿，其分子式为 $2MgO \cdot B_2O_3 \cdot H_2O$)，天然硼泥矿中除含硼镁石外，还含有较多的蛇纹石、磁铁矿及少量的白云石、绿泥石、滑石、云母等杂质。其主要化学成分为 SiO_2 和 MgO。硼砂的生产方法不同，产生的硼泥成分也不相同。硼泥作为工业废料被废弃，每生产 1 t 硼砂，排出 4～5 t 硼泥，一个年产量为 5 000 t 硼砂的工厂，硼泥的年排出量约为 2.5 万 t。

硼泥资源化利用可以从制备耐火材料、化工产品、冶金辅料、废水处理混凝剂等几个方面分析。本书对硼泥的资源化利用进行可行性评价，希望能对硼资源行业发展生态工业起到一定作用。

3.3.2　硼泥制耐火材料

硼泥主要化学成分为 SiO_2 和 MgO，耐火度为 1 750℃。高温煅烧后硼泥的主要矿物组成为橄榄石、方镁石及少量的铁酸镁。硼泥的化学成分与镁橄榄石耐火材料的成分相似。

硼泥制耐火材料的主要原料为硼泥和镁砂，硼泥无须粉碎，只要烘干、碾细过筛即可。镁砂的加入有两种方法，一种是直接混合煅烧，另一种是燃后烧成。先在硼泥中加入一部分镁砂，这一部分镁砂的量经过计算后添加，要保证煅烧后的料充分生成镁橄榄石，并有一定的方镁石存在。预煅烧后经过破裂粉碎，再加入另一部分镁砂，这一部分镁砂起强化基质的作用，然后成型。两种加入镁砂的方法，均使镁砂的总含量不超过 35%。

3.3.3　硼泥提取制备镁系列化工产品

以硼泥为原料可以生产出系列镁化合物，从基本化工原料到高档镁化合物等。

（1）从硼泥中提取轻质碳酸镁

轻质碳酸镁是一种优良的防火保温材料，在医药、电影胶片以及油墨生产中都有广泛的应用。

我国生产轻质碳酸镁的工艺有卤水-碳铵法和白云石碳化法两种。采用硼泥-碳酸法生产工艺比较简单，操作方便，设备投资较小，原料是工业“三废”，成本低、效益好。工艺流程如图 3-5 所示。

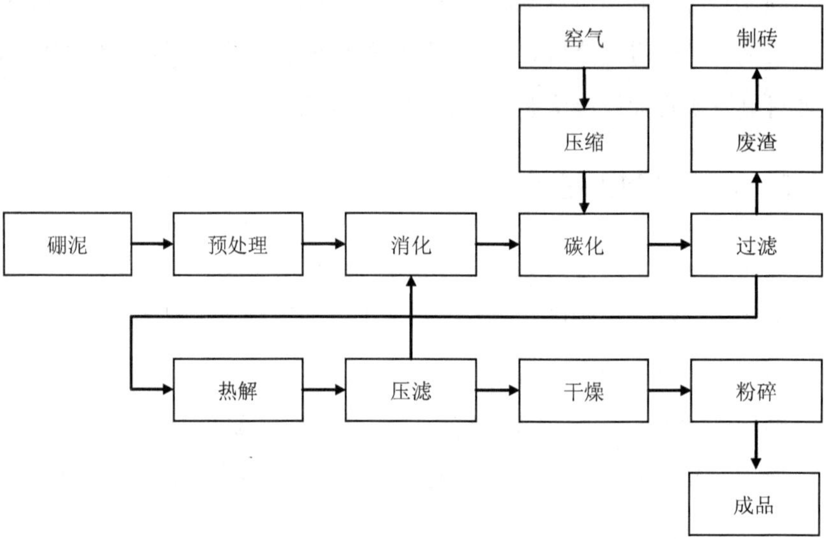

图 3-5　从硼泥中提取轻质碳酸镁工艺流程

（2）从硼泥中提取轻质氧化镁

采用一定浓度的硫酸溶液把硼泥中的镁浸取出来，再用添加辅助化学品的方法把硫酸镁溶液中的杂质清除，保证浸出液的纯度，随后再加入碳酸钠制取碳酸镁，过滤、洗涤、干燥后煅烧，即得最终产品，同时副产芒硝。

本工艺硼泥中镁可以回收，并制成一级品轻质氧化镁；沉淀镁之后的硫酸钠溶液可进一步处理，并制成有实用价值的芒硝；一次清除的铁可以处理制成氧化铁红；轻质氧化镁生产工艺是可行的。

（3）从硼泥中提取氢氧化镁

氢氧化镁是无机添加型阻燃剂，它不仅用于阻燃，也用于减少产烟量和材料燃烧生成腐蚀性气体的生成量，不仅可以单独使用，也常与其他阻燃剂并用。

此工艺成功地从硼泥制得氢氧化镁阻燃剂（图 3-6），其优化实验条件如下：

分解条件：温度 90℃左右，硫酸∶硼泥=1.1∶1（当量比），时间 3 h；

合成条件：温度 50℃，氨∶镁=1.5∶1（当量比），时间 2 h；

水热处理条件：温度 1 600℃，时间 4 h，静置时间 4 h；

表面处理条件：温度 600℃，时间 3 h。

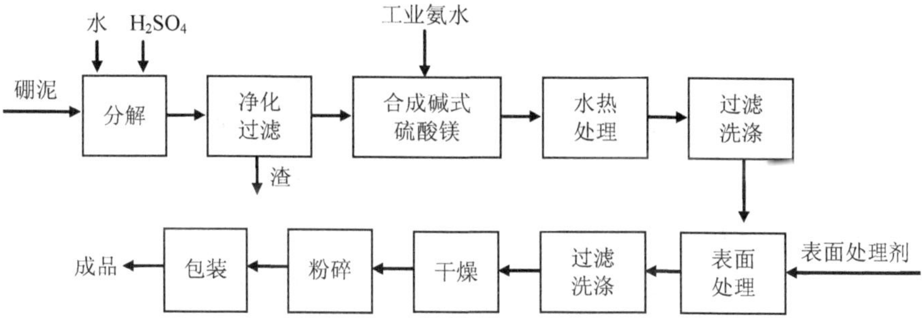

图 3-6　从硼泥中提取氢氧化镁工艺流程

3.3.4　硼泥用于污水处理

硼泥中含有大量的碱性物质，可以作为硫酸、磷肥、氟酸等厂矿排泄的酸性物质的中和物质，另外，硼泥溶于水后具有胶体性质，可以对砷、氟、重金属离子等进行吸附沉淀。

（1）硼泥处理含油废水

含油废水来源广，危害大，破坏生态环境。目前处理含油废水的方法有生化法、活性炭吸附法等，但都存在占地大、工艺复杂、成本高的缺点。研究结果表明，用硼泥处理含乳化油废水时，将硼泥和硫酸铝、聚合铝、硫酸铁组合使用，加入适量盐酸，能加快硼泥的沉降速度，提高除油率。这主要是由于加酸后出现了盐析破乳作用，从而提高了硼泥除油效率。对硼泥除油后的沉渣，经晾干、粉碎、焙烧至400℃、冷却后，再处理成含乳化油废水。结果表明，再生硼泥除油效果与活性硼泥相同，除油率在98%左右。

（2）硼泥处理电镀废水

电镀铬和铬酸钝化带来大量的含铬（Ⅵ）漂洗液，是一种毒性较大的工业废水，对环境污染严重。根据氧化还原原理，在酸性条件下，废水中的铬（Ⅵ）经硫酸亚铁还原后，生成的Cr^{3+}采用硼泥沉淀絮凝的方法除去，同时可以沉淀其他共存重金属离子。用这种方法处理大量电镀厂废水，出水中铬及总铬等各项指标均达到国家排放标准。研究证明，这是一种废弃物资源化的新技术，具有显著的经济效益和环境效益。

（3）硼泥复合混凝剂处理废水

硼泥复合混凝剂可以处理豆制品废水，豆制品废水是一种量大面广的污染源，会使水质恶化、环境污染、造成海水富营养化，破坏生态平衡。目前，国内外处理豆制品废水以生化法居多，但基建投资大、生化速度慢也是其存在的问题。针对这些问题，研究发现，可以使用一种新型混凝剂——硼泥复合混凝剂来处理豆制品废水，此种混凝剂完全以废弃物为原料来生产，具有成本低、沉降速度快、低温效果好等优点，有一定应用前景。

硼泥复合混凝剂处理印染废水。印染废水脱色处理回用是当前工业废水治理中难度较大的课题之一。目前，随着印染废水中化学成分的增加，可生化程度降低，处理难度增大，大多采用化学混凝法与生化法相结合的工艺来处理印染工业废水。

硼泥复合混凝剂处理铸钢废水。目前，铸钢厂用水清洗铸钢件时产生大量含有硅酸钠的碱性废水，SO_3^{2-}含量为4.8～8.4 g/L，悬浮物含量为

2.3～4.3 g/L，pH 为 11～12，用硼泥复合混凝剂处理铸钢废水的工艺流程如图 3-7 所示。

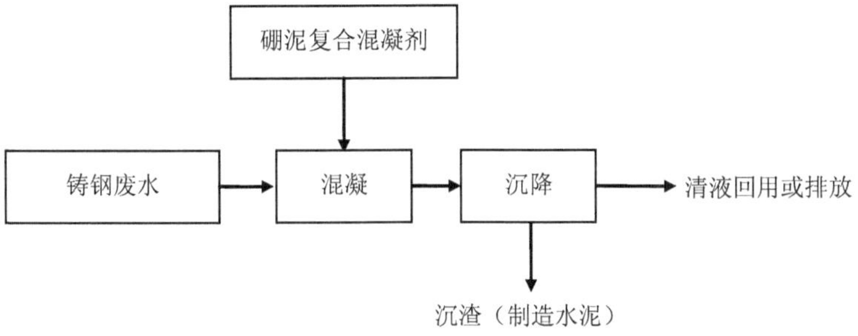

图 3-7　硼泥复合混凝剂处理铸钢废水工艺流程

硼泥复合混凝剂处理浴池地下水。浴池地下水含有油脂、表面活性剂等有机废水，是生活污水的主要来源，直接排放不仅污染环境，而且浪费水资源。目前处理浴池地下水的主要方法有气浮-纤维过滤法、活性炭吸附法、硼泥吸附法以及生化法。研究如何降低成本并重复利用水资源具有重要意义。

硼泥复合混凝剂处理浴池地下水采用射流、混凝、旋流、沉降分离法，工艺流程如图 3-8 所示。

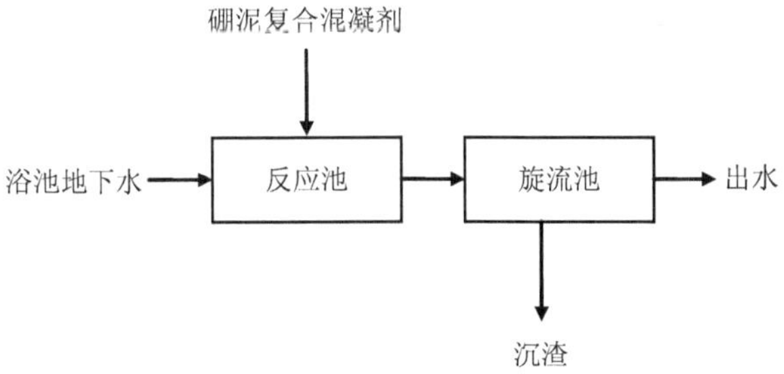

图 3-8　硼泥复合混凝剂处理浴池地下水流程

3.3.5　硼泥在建筑方面的应用

（1）硼泥制造砖瓦

因为硼泥是硼石高温后粉碎成的尾矿渣，可视为细砂石用作黏土砖瓦的强化料，从而增加其强度和可塑性。经多次实验得到硼泥制砖瓦的理想配比，即制砖时，硼泥加入量为30%左右，制瓦时为20%左右，其余为黏土。

硼泥制砖的工艺主要包括配料、搅拌（两次）、真空挤压、焙烧等过程，可制得硼泥砖瓦，主要工艺流程如图3-9所示。

图3-9　硼泥制砖工艺流程

（2）硼泥应用于混合砂浆

砂浆按用途主要分为砌筑砂浆和抹灰砂浆，硼泥混合砂浆可用于砌筑和抹灰。研究表明，硼泥混合砂浆的抗压、抗剪强度和弹性模量均高于白灰混合砂浆理论数值，证实了硼泥混合砂浆性能优于白灰混合砂浆。研究证明，在砂浆中掺入硼泥不仅能增加硼泥混合砂浆的和易性和保水性，还具有一定的活性，是一种水硬性的掺合料。

（3）硼泥作为水泥填料

将硼泥作为掺合料加入普通水泥中，用其制成混凝土，对混凝土的各项性能测试发现，掺入硼泥的混凝土早期强度可提高30%～40%，且后期强度能得以保证。由于硼泥本身的分散度高，在使用中无须磨细，可直接掺入使用。硼泥掺入混凝土中对其安定性无不利影响。

3.3.6　硼泥在冶金上的综合利用

（1）硼泥作为烧结球团添加剂

利用硼泥作为铁精矿烧结球团添加剂是硼泥资源利用的一条重要途径。近年来，国内许多烧结球团工作者进行了大量的实验研究，探讨将硼泥用作铁精矿烧结球团添加剂，结果表明，硼泥可提高烧结矿强度，降低自然风化和低温还原粉化率。宣化钢铁集团有限责任公司烧结配加硼泥的研究表明，宣钢原料条件下高硅全精粉烧结，烧结料配加 2%～3%硼泥能够提高烧结强度，降低含粉率，减少槽下返矿，高炉冶炼得到强化，产量提高。此外，加硼泥后烧结矿中 MgO 增加，同时又有硼的作用，有利于高炉脱硫和炉缸工作的改善，提高生铁的一级品率。

（2）硼泥在锰硅合金冶炼中作熔剂

硼泥中含有较高的 MgO 和 SiO_2，并有改善炉渣流动性和加速还原反应的 Na_2O 和 B_2O_3 及稀土氧化物等。从其组成上分析，硼泥可以作为生产锰硅合金的熔剂，用硼泥作熔剂用于 5MVA 矿热炉冶炼 FeMn65Si17 合金，与白云石作熔剂比较，锰回收率提高 5.02%，硅利用率提高 10.45%，电耗降低 1 790 kW·h/t；用硼泥作熔剂用于 1.8 MVA 矿热炉冶炼 FeMn60Si14 合金，与白云石和石灰作熔剂比较，锰回收率提高 2.76%，硅利用率提高 2.41%，电耗降低 850 kW·h/t。由此可见，硼泥应用于锰硅合金冶炼能改善技术经济指标，降低生产成本，增加经济效益。

3.3.7　硼泥在其他方面的综合利用

（1）利用硼泥生产橡胶填充剂

硼泥的主要成分与常用的橡胶填充料相同，其含有的微量重金属离子填充在合成材料中有利于紫外线吸收，起到一定的耐老化作用。用硼泥制成的橡胶填充剂具有一定的补强作用，性能优于原填充剂 $CaCO_3$，且保持了较好的物理机械性能，受到各应用厂家的欢迎。同样，硼泥可作为 PVC 的填充材料。

（2）硼泥在农业上的应用

硼泥中含有的镁、硼等元素是农作物需要的中量和微量营养元素，可提高作物的抗病抗寒能力，促进植物内的硅和酶的活性。通过向硼泥中加入一定量的稀硫酸或稀硝酸，使其发生中和反应，将反应的 pH 控制在 6～7，反应后的硼泥粉碎、风干后，即可获得富含硫酸镁或硝酸镁和硼酸的硼镁肥。用制得的硼镁磷肥施于缺硼土壤，喜硼作物产量明显提高。

（3）硼泥用于制作微晶玻璃

东北大学钢铁冶金所用铁尾矿作为主要原料，采用烧结法制备了微晶玻璃。另外以粉煤灰、硼泥及含钛废渣为主要原料，加入少量焦磷酸钠也可制得微晶玻璃，其硬度莫氏可达 7～9，用于化工、日用轻工业中生产耐磨、耐酸腐蚀玻璃制品和建筑装饰玻璃。

3.4　中国硼资源过程工业开发中的环境问题

3.4.1　硼资源开发全流程中的综合利用

图 3-10 为传统的硼及其副产品的利用模式。硼主要用于化工、冶金工业、农业、军工等领域。在工业生产中，硼主要作为基础原料使用。在目前的工业生产体系中，硼资源基本上是一种单向流动，即人们从自然界中索取大量硼资源，在满足人们生产生活需求后，又将大量的废物和污染物排放到环境中。虽然在化工生产中存在部分物质的循环利用，但比例相对较小。

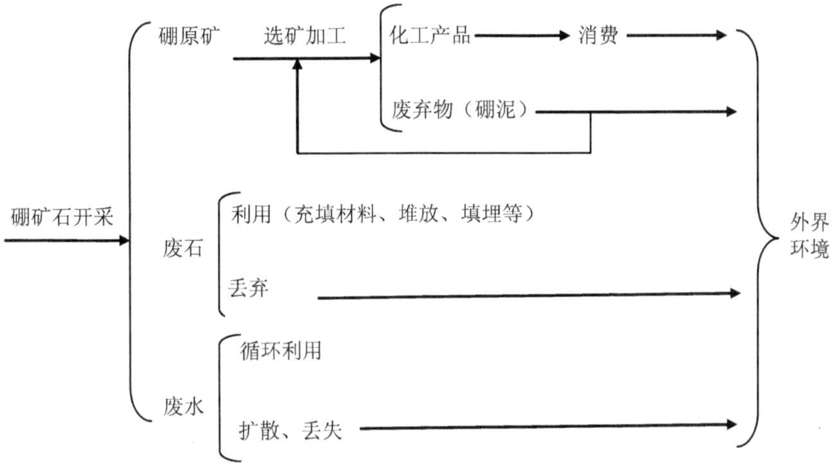

图 3-10　硼资源及其副产品的利用方式

硼资源的环境问题涉及硼开采、加工、储运和使用的全流程，而且硼资源环境问题的产生是一个多环节、多因素的复杂过程。所谓多环节是指环境问题形成于硼资源开采、加工、储运和使用的全流程；所谓多因素是指环境问题的形成与技术、资金、管理方式、政策导向和思想观念等多因子相关。

3.4.2　硼资源开发全流程中的环境问题

（1）硼资源开采环节

硼资源为化工矿产，开采一般分为露天开采和地下开采，采用的是采装、运输、排岩间断生产的工艺路线。采矿和剥离均采用常规穿孔爆破、挖掘机铲装，矿石经汽车运输至选矿厂，废石经汽车运输至废石场堆存。硼资源开采过程会对周围的土地、水以及大气等带来严重的环境污染，此外，穿孔爆破时产生的粉尘、噪声也是污染源头的大户。地下硼矿山采矿场、通风机房、空压机房、破碎厂等的各种机电设备，在操作或运转过程中均能产生噪声，致使周围环境遭到污染。

（2）硼资源加工环节

硼原矿经运矿汽车从采矿厂运至选矿加工厂，破碎、磨矿后进入选矿作业，经一系列选矿加工工艺后的硼精矿产品再经系列化工工艺浓缩运至硼砂、硼酸厂，尾矿由泵运至尾矿库。硼资源加工所造成的环境污染问题主要来自硼选矿过程，对硼矿石的破碎、筛分、磨矿，尤其是浮选过程无不产生污染（图 3-11）。浮选工艺中的化学药剂所造成的污染尤为严重，矿山企业在治理环境过程中，由于浮选化学药剂造成了二次污染，这个问题在矿山环境治理中已经形成了恶性循环。

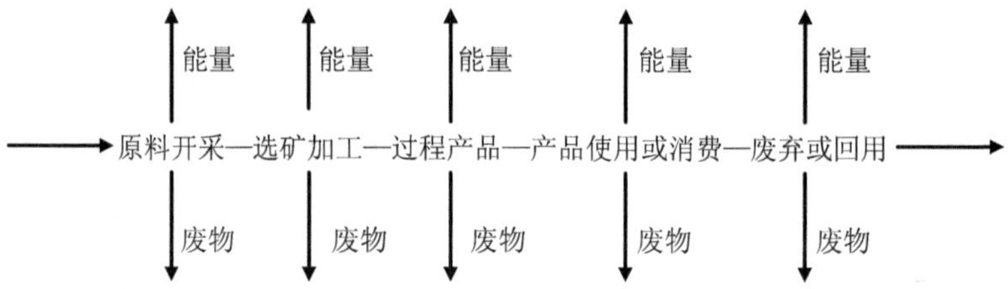

图 3-11　硼资源开发全流程中的环境问题

（3）硼资源储运环节

粉尘在硼原料输送过程中对沿途造成很大的污染，另外也造成了硼资源原料的很大浪费。从采厂到选厂再到相应的硼加工厂等，硼资源的原料对环境的污染与其经过的路途距离有一定的线性关联，同时，其浪费的资源量也与其类似。比如，硼资源从西藏原料基地运输到山东等境内进行加工时就存在此问题。

（4）硼资源利用

我国的硼资源开发主要是基于硼矿石进行化工生产，产品基本上是硼砂、硼酸等粗产品原料。生产厂家大多都是化工类型，造成很大的环境污染。据统计，仅碳碱法加工硼铁矿生产硼砂产生的硼泥量一年就达 100 万～120 万 t，其堆放不仅占地而且污染环境，这也是个长期困扰硼资源综合利用的难题。

3.5　中国硼资源过程工业开发的战略困境及应对策略

3.5.1　中国硼资源开发产业困境分析

据《中国矿情》记载，我国 1956 年开始创建硼矿开采和加工工业。通过几个五年计划，已形成了从硼矿开采到深加工的完整体系。矿山开采技术、选矿实验研究及综合利用等均有进展。生产硼精细化工产品达 30 多种，可基本满足国内相关行业需求。据统计，截至 1996 年，我国拥有各类硼矿山 62 座、硼砂厂 37 家、硼酸厂 8 家。随着科技的发展，我国硼工业在中华人民共和国成立后已经能够利用自己的硼矿资源生产出供国内农业生产、人民生活、国防尖端部门需要的无机、有机硼酸盐产品，完全摆脱了新中国成立前依靠进口的局面。但我国的硼资源利用率很低、涉硼企业规模小、技术工艺落后、单位产量的产品能耗高、资源和能源利用率低，硼资源的综合利用技术问题仍然没有得到很好的解决，这严重影响了我国硼资源开发的进程。另外，硼资源的上下游产业链条短，硼产品深加工的整体性差，表现为硼资源开发没有从开采、加工和利用的全流程，从系统工程的高度，从资源—环境—经济—社会维度进行集成优化控制和利用。

3.5.2　应对策略

我国硼工业的发展趋势是做好硼产品的系列化加工、精细化开发，提高硼资源的开发效益；要狠抓应用开发，打破行业界限，积极发挥硼专业研究机构、大专院校及厂办科研所的作用，实行“产、学、研”一体的科研开发及攻关机制；发展循环经济、实现资源的可持续发展，提高资源的综合利用水平；加强生态环境保护，避免或减少硼工业废弃物对环境的污染。这样，发展硼生态工业将成为必然，同时也是实现硼资源产业绿色开发的重要途径。

生态工业是一种新型工业发展模式。生态工业是基于工业生态学理论思想方法而在实践中得到执行的朝阳经济发展模式，目前已成为环境领域的热门课题。国内外已经开展了大量研究，如麻省理工学院、耶鲁大学、康奈尔大学等早在 1997 年、2001 年就相继成立了工业生态学的相关研究机构，美国政府也为生态工业研究提供了若干基金资助。而国内的中科院过程工程研究所、中国环境科学研究院、清华大学化工系、东北大学等机构借助自己的学科优势相继开展了工业生态学的研究。综观国外的理论与实践研究，其主要侧重工业过程中减轻环境影响的具体技术措施、工业系统集成方法以及市场经济范式下机制层面的问题。

针对硼资源特点，结合工业生态学思想方法，需要建立高效清洁利用的硼资源开发技术的硼工业生态系统。硼工业生态系统是个庞大的系统工程，由于企业发展以利益为主，发展硼生态工业在短期内实际上是要依靠国家强有力的行政来保证的，这就为我们构建硼工业生态学理论方法提供了较好的思路，即借助公共政策的分析思路。立足中国国情，系统性（采用多学科综合分析的方法）地研究国家环境政策问题，是进行硼工业生态学研究的一条路径。这对于从宏观决策层面掌握硼资源开发的环境、经济与社会协调发展具有较强的现实意义。从这个思路出发，发展硼工业生态学首先要解决的问题如下：

（1）公共政策的分析思路属于定性分析，对于从宏观层面把握硼资源开发有着良好的推动作用，从而使国家在决策战略上与市场选择方法上取得较灵活的机制创新，使企业积极从事自身的环境治理工作。

（2）硼工业的发展需要疏通硼资源开采、加工和利用的全流程，同时考虑资源—环境—经济—社会维度，硼资源的利用包括分子—工程—企业—生态工业园（网）等硼工业生态学理论。这个理论首先属于系统科学和系统工程范畴，既符合可持续发展的思想，又是对硼资源开发可持续利用和进行可操作性指导的基础。

（3）发展含有集成、高效、清洁利用的硼开发技术的硼工业生态系统，以硼利用企业为核心，采用高效清洁硼开发利用技术、信息技术，建立生态工业园（网），发展循环经济，实现可持续发展。

（4）将多学科的研究方法有机结合，引入硼工业生态学中。例如，将硼资源开发作为一个工业生态系统，将现代控制理论的控制思想与反馈机制引入硼资源开发的全流程中，达到对硼工业生态系统的控制优化目标；用耗散结构方法分析硼工业生态系统等。

（5）综合开采。开采硼资源的同时，将与硼共伴生的矿产品、铁、镁等多种资源废弃物统筹规划，综合开采，加工利用；深度加工，延长产业链条，把硼加工成高附加值的新产品、新材料。

（6）加强硼资源管理与规划工作，制定有利于促进硼行业循环发展的资源环境政策。以硼资源总体规划为基础，建立统一协调、层次分明、功能配套的硼资源规划体系，树立循环经济、节约和合理利用资源的理念，将硼资源综合利用纳入硼资源规划体系中。在国土资源领域发展循环经济是落实生态文明观，实现我国资源与环境、人与自然协调发展的重要途径和有效措施，目前我国在青海已经建立了柴达木循环经济试验区，以此为模式，就东北硼矿区域可成立类似试点，如辽宁翁泉沟硼铁矿循环经济试验区、辽宁营口硼镁矿循环经济试验区等。

（7）构建硼资源开发全流程的环境负荷指标体系，发展循环经济，推进污染的全过程控制，促进环境优化和经济增长。其中，解决环境污染的根本途径是减少资源消耗，提高资源利用率和资源再生率，控制污染物排放总量。以减少资源消耗为源头控制，提高资源利用率为一次过程控制，提高资源再生率为二次过程控制，控制污染物排放总量为尾端控制，这四种途径构成硼资源开发全流程中环境问题的全过程控制体系。以硼资源开发全流程为主线，通过对硼资源开发全流程环境问题的不同影响因素的定性评价分析，同时结合定量化分析构建硼资源开发全流程环境负荷评价指标体系。

将公共政策的分析思路作为发展硼生态工业与硼工业生态学的一条路径指向，符合国家的宏观决策思路，也符合生态工业规划思想的逻辑脉络。从公共政策思路出发，国家相关部门的资助对于硼工业生态学方法论研究有着一定程度的现实意义。如果说环境保护工作是实现科学发展观的最佳切入点，那么，可以认为，进行适时的公共政策分析是破解工业生态环境问题的切入点。从决策层面保证生态工业的执行，引导和鼓励企业参与生态工业的建立，是建设环境友好型社会的必要条件。在我国，目前有些条件还不够充分，企业参与生态工业建设得不到真正的实现和保障，这已成为制约我国发展生态工业的主要因素之一。因此，我们要积极为企业参与生态工业创造有利条件，以推动我国环保事业的发展，进而实现经济和社会的可持续发展。

3.6 本章小结

通过对涉硼行业的科研机构和企事业单位的调研以及文献资料的搜集，笔者对硼行业整体发展战略有了一个比较清晰的认识，为 PISEA 后续研究开展提供了行业参考。

（1）硼行业开发战略分析囊括范围非常广，包括硼资源状况分布、硼资源开发过程关键性技术分析、硼泥资源化利用途径以及发展硼行业生态工业的方向性路径等系列问题。

（2）针对硼行业的资源消耗及环境污染问题，本书对固体废物硼泥的资源化利用情况进行了评价。研究表明，国内外对硼泥综合利用的探讨有诸多方面取得了许多科研成果，但硼泥污染的现象仍然存在，这主要是因为各类硼泥综合利用技术较少应用于实际，工业化程度较低。要想解决硼泥污染，最好的途径是减少硼泥的排放量，其次开发附加值高的硼泥新产品，并尽快进行实践应用，尤其在循环经济政策下，要加快发展以硼资源化关键性技术为支撑的静脉产业链条，进而从硼泥资源化利用重要途径上来遏止并有效解决硼泥污染问题。

（3）本章分析了硼行业开发中的环境问题，包括硼资源开发全流程的综合利用及生态环境问题，同时指出了硼资源开发的战略困境及应对策略。

第 4 章　PISEA 机理分析

本章通过研究范畴内的系列基本概念，提出了过程工业开发系统这一过程工业战略环境评价特有的基本概念，分析了过程工业开发系统的耗散结构表征及其生态化转向问题，从而引申出过程工业开发生态系统的表征分析，在此基础上对过程工业开发战略的分离及层次性进行了研究，最终为过程工业开发战略的环境影响发生机理的探讨提供条件。

4.1　基本概念浅析

4.1.1　绿色过程工程

绿色过程工程是一门多学科交叉渗透的新兴学科，以过程工业绿色化、生态化为主线。绿色过程工程来源于“绿色化学”，在美国、日本、欧洲受到了极大的重视，如 1997 年美国成立了“绿色化学院”“绿色化学研究所”等国家级研究机构，日本、欧洲等许多国家和地区也都开始将绿色化学与技术列入国家科技发展重要议程。从当前我国化工、冶金、能源、石化等典型过程工业来看，我国资源加工利用技术大多属于传统落后的工艺，缺乏绿色元素及生态元素，因此绿色过程工业发展显得尤其迫切。在这个方面开展 PISEA 在于从宏观角度对过程工业进行研究，对绿色过程工业从战略决策层面进行掌控，而绿色过程工程为 PISEA 提出了技术层面的支持，从而使 PISEA 得到最终的贯彻落实（图 4-1）。

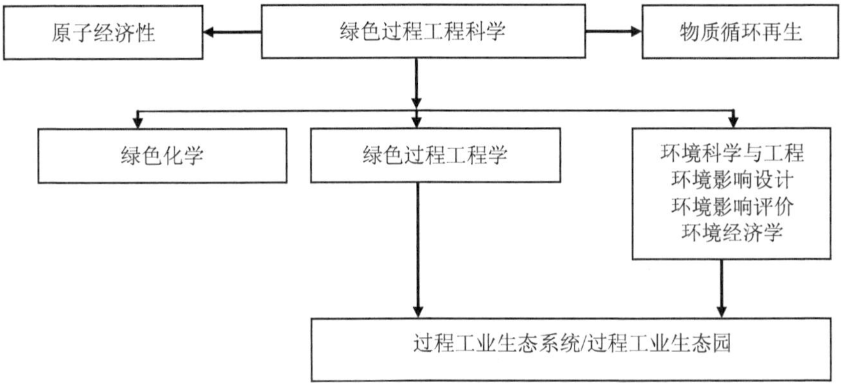

图 4-1　绿色过程工程学与环境影响评价间的学科关联

4.1.2　过程工业开发系统

过程工业开发系统（Process Industrial Developing System，PIDS）是针对 PISEA 课题研究，从系统科学（系统工程）学科理念中提出来的，其原因在于对 PISEA 的前期理论及发生机理进行分析时，需要这样的一个概念才能得到更好的阐释。从这个意义上看，过程工业开发系统在这里属于 PISEA 的范畴，即所有的过程工业开发系统相关术语都是在 PISEA 学科范式下的探讨。因此，引入“过程工业开发系统”这一术语，对于 PISEA 研究方法的突破是非常重要的，其概念定义是指一定的地域空间范围内由若干个相互作用、相互依赖的过程工业领域的事物所组成的具有特定功能的有机整体。可以看出，这样的一个概念与人们对“系统”的一般性认识是一致的，因此这个概念是符合科学研究的规范化要求的。从这个概念定义中可以看出，在有关过程工业研究问题中，系统边界的确定（地域空间范围及其涉及的过程工业相关要素的确定）是非常重要的。不同边界的过程工业开发系统的内涵是不同的。例如，硼铁矿开发过程工业系统，就涉及整个开发全流程以及周围环境这样一个大系统。但是在生态系统里，囊括了以硼铁矿开发过程工业系统为核心的工业生态系统，也包括区域问题。具体而言，对于硼铁矿行业来说，它是一个具体的行业部门，该过程工业开发系统可以称为硼铁矿行业过程工业开发系统。

4.2 过程工业开发系统的耗散结构形成机制分析

4.2.1 过程工业开发系统的影响因素

过程工业开发系统的发展过程是一个动态的物质和能量流动过程，通过物质、能量的耗散与影响系统的若干要素或条件机制来形成和维持与平衡结构完全不同的时空有序结构。这就是工业生态学与非平衡态热力学有机结合的精髓所在。过程工业开发系统的结构就是借助这样一个导向来分析的，从而为 PISEA 提供基础点。影响过程工业开发系统的因素众多，不同的环境影响评价（战略环境评价）研究者依据不同的研究目标，选择了不同的出发点，从而对上述影响因素各有侧重。为研究方便，本书将其影响因素归纳为社会要素、技术要素及环境要素三个方面。

社会要素是指随着经济的发展和社会的进步，公众追求生活质量的提高和生态环境的改善已经逐渐成为一种自发和自觉的行为；从社会层面上讲，政府作为代表公众利益的组织，有责任、有义务也有动力去倡导和实施节约资源、减少污染、有益于环境的经济行为。对于技术要素，依据技术哲学的说法，技术要素与第 2 章所述 PISEA 系统包括的本质属性内容之一即主体与客体相关联，实质涉及实体要素、智能要素及工艺要素。其中实体要素指工具、机器及设备等物质实体，亦即客体层面；智能要素指知识、经验及技能等主体层面；工艺要素指表征实体要素与智能要素结合方式和运作状态的结构层面。环境要素又称环境基质，是 PISEA 研究中构成过程工业开发系统整体环境的各个独立的、性质不同的而又服从整体演化规律的基本物质组分，分为自然环境要素和非自然环境要素。

社会要素是必要的输入，技术要素是技术链条关键点及社会要素转化并影响促进过程工业开发系统运行的平台。环境要素则起到激励或约束作用，作用于技术要素。三要素共同作用的结果是过程工业开发系统必须融入社会要素、技术要素及环境要素的统一有机体中，并在此基础上畅通运行。其中应该强调的是三要素缺一不可，且存在最佳匹配状态。环境影响评价（战略环境评价）研究者的目标就在于实现这一最佳匹配。基于上述分析，三者之间具有一种匹配关系（图 4-2）。过程工业开发系统运行协调分析就是在三者匹配的基础上进行宏观控制。

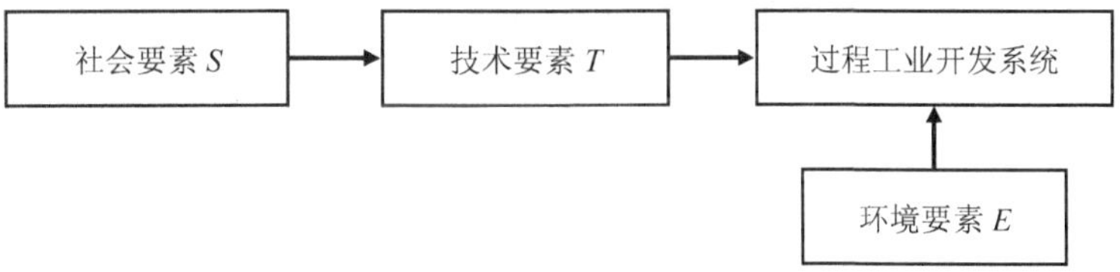

图 4-2 影响过程工业开发系统运行的三要素及其关系

其概念模型可以设定为

$$z=\varphi(S,T,E) \tag{4-1}$$

$$\frac{z}{S}=S_{\max} \tag{4-2}$$

式中，z 为理想的系统运行协调度。S 为最佳社会要素，T 为最佳技术要素，E 为最佳环境要素。

4.2.2 过程工业开发系统的耗散结构表征

从耗散结构理论出发，对于式（4-1）与式（4-2），首先假设过程工业开发系统协调度 z 为该系统的状态变量，构成该系统的要素为状态参量，显然该系统必须与外界进行不断的物质、能量和信息交换，才能达到系统协调的可能性，因此该系统是开放系统。同时系统的状态参量是不均一的，状态参量之间存在明显的非线性作用机制，其属性具有非线性函数关系表征。

所以该系统是一个远离平衡态的开放系统，就该系统的投入产出而言，系统的有序度处在动态变化之中，即系统熵（S）处于变化之中，表示为

$$\mathrm{d}S = \mathrm{de}S + \mathrm{di}S \tag{4-3}$$

式中，$\mathrm{d}S$ 为系统熵变，$\mathrm{de}S$ 为输入与输出该系统的熵流代数和，$\mathrm{di}S$ 为系统内部熵产生，其中，$\mathrm{di}S \geqslant 0$，$\mathrm{de}S > 0$ 或 $\mathrm{de}S < 0$。因而整个系统的熵变 $\mathrm{d}S$ 取决于 $\mathrm{de}S$ 和 $\mathrm{di}S$ 的代数和。系统熵值越高越无序，反之系统越有序。

过程工业开发系统状态变量用其运行协调度 z 表示，z 受 S、T、E 三个状态参量控制，如图 4-3 所示。

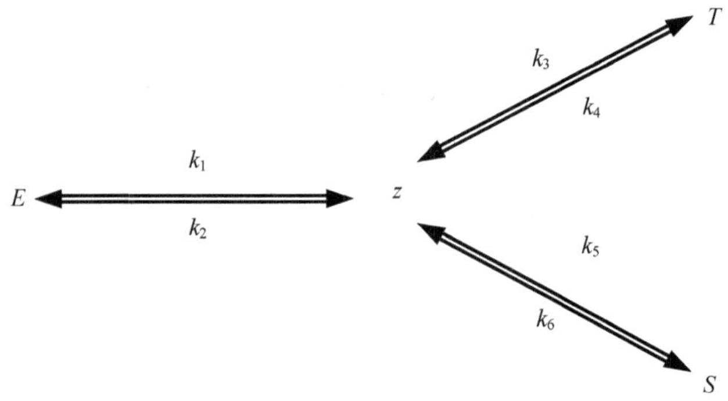

图 4-3 三要素与系统运行协调间的关系

从动力学观点来看，可以表示为

$$\frac{\mathrm{d}z}{\mathrm{d}t}=(k_2E+k_4T+k_6S)-z(k_1+k_3+k_5) \tag{4-4}$$

$$\lambda=\frac{k_1+k_3+k_5}{k_2E+k_4T+k_6S} \tag{4-5}$$

$$\lambda_0=\frac{k_1}{k_0E} \tag{4-6}$$

式中，t 表示时间，dt 为时间间隔，k_i（i=1，2，…，6）为转化速率常数，λ 为控制参数，λ_0 为系统平衡态的控制参量数值。λ 偏离 λ_0 越大，系统距离平衡态越远。因此，可用 λ 的数值表示系统偏离平衡态的程度。对式(4-4)积分可得

$$z=\frac{1}{\lambda_0}+\frac{(k_2a+k_4b+k_6c)\left[\mathrm{e}^{-(k_1+k_3+k_5)}+t(k_1+k_3+k_5)-1\right]}{2(k_1+k_3+k_5)}$$

$$z=\frac{1}{\lambda_0}+\frac{1}{\lambda\left[1+\mathrm{e}^{-t(k_1+k_3+k_5)}-\dfrac{1}{t(k_1+k_3+k_5)}\right]} \tag{4-7}$$

式中，a、b、c 分别为 S、T、E 的变化率，当 $k_1+k_3+k_5<0$ 时，z 的变化率比 $k_1+k_3+k_5>0$ 时要大，且变化方向取决于系统的 $k_2a+k_4b+k_6c$ 变化程度。

非平衡态热力学包括两个区域，即线性和非线性区域。当过程工业开发系统处于非平衡态线性区域时，λ 接近于 λ_0（详见第 2 章耗散结构理论相关内容），根据最小熵产生原理系统将保证非平衡定态的稳定性，当有扰动产生时，系统将自发产生某过程而使系统恢复到与外界条件相适应的定态。当过程工业开发过程系统处于非平衡态非线性区域，并且控制参数 λ 超过某临界值 λ_0 时，系统的非平衡态会失稳，这时任何微小的扰动都会

使系统越来越远离原来的状态而发展到某种新的状态。

综合以上分析，受社会、技术、环境三要素控制的过程工业开发系统具有明显的耗散结构特征。

4.2.3 过程工业开发系统生态化及其稳定性分析

在一个过程工业开发系统的时间序列中，过程工业开发系统及其影响因素之间总会出现运行机制上的不协调。由此本书提出了过程工业开发系统生态化趋势的问题。为了更好地探讨这个问题，本书将过程工业开发系统与其影响因素囊括在一个更大的复合生态系统中，基于系统生态化趋势进一步探讨分析其耗散结构形成机制及稳定性条件。从非平衡态热力学理论来看，通过将过程工业开发系统拓展到耗散分叉的生态化趋势来分析其稳定性问题，就涉及耗散结构演变，即系统的演变会经历旧的结构解体和新的耗散结构形成过程，如此反复分叉。

非平衡态热力学理论中，用来解决非平衡态结构的稳定性评价是李雅普诺夫（Lyapunov）函数。

在平衡态中，Lyapunov 函数就是熵 S；

在非平衡态线性区，Lyapunov 函数就是系统熵 $P=\frac{\mathrm{d_i}S}{\mathrm{d}t}$；

在非平衡态非线性区，Lyapunov 函数就是超熵 δ^2S，δ 表示超熵；

就过程工业开发系统来说，其受社会因素、技术因素及环境因素影响的程度非常低时，系统运行机制可以表示为

$$\frac{\mathrm{d}z}{\mathrm{d}t}=rz \tag{4-8}$$

当过程工业开发系统走向生态化趋势后，整个系统运行机制增加了诸多约束条件：

$$\frac{dz}{dt} = rz(1 - z / k) \tag{4-9}$$

式中，z——系统运行协调度；

r——运行需要的提升率。

在社会因素、技术因素及环境因素影响下，其运行程度有一个周期内的阈值上限，即 k。

笔者发现，式（4-9）即为 Logistic 曲线方程，放在坐标轴中为一个倒“S”形曲线（图 4-4）。

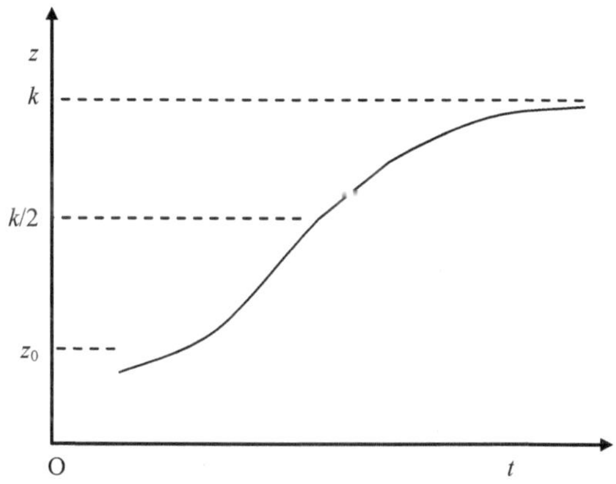

图 4-4　过程工业开发系统的演变规律

在过程工业开发系统中，依据非平衡态热力学的思想方法，可以设定过程工业开发系统中“力”为

$$X = \frac{z}{k} \tag{4-10}$$

式中，X——过程工业开发系统中的“力”。

“流”（由“力”所引起）为

$$J=\frac{\mathrm{d}z}{\mathrm{d}t}=rz(1-z/k)=r(k-z)\frac{z}{k}=LX \qquad (4\text{-}11)$$

式中，J——过程工业开发系统中的“流”；

$L=r(k-z)$——“流”与“力”之间的唯象系数。

依据非平衡态热力学理论，系统熵产生表示为

$$P=\frac{\mathrm{di}S}{\mathrm{d}t}=JX=rz(1-z/k)\frac{z}{k} \qquad (4\text{-}12)$$

式中，P——系统熵。

由此可得，系统超熵为

$$\mathrm{d}_X P=\frac{\mathrm{d}\left(\frac{1}{2}\delta^2 S\right)}{\mathrm{d}t}=\int\delta_X\delta_J\mathrm{d}V \qquad (4\text{-}13)$$

式中，δ 表示超熵，V 表示体积，$\mathrm{d}V$ 表示单位体积。

由上式可得

$$\mathrm{d}_X P=r(\frac{\delta_z}{k})(1-\frac{2z}{k})\delta_z=\frac{r}{k^2}(k-2z)(\delta_z)^2 \qquad (4\text{-}14)$$

依据非平衡态热力学理论，过程工业开发系统生态化的稳定性条件为：

$\mathrm{d}_X P>0$ 时，系统渐进稳定；

$\mathrm{d}_X P=0$ 时，系统处于临界稳定性；

$\mathrm{d}_X P<0$ 时，系统不稳定；

综上可知，当 $\mathrm{d}_X P=r(\frac{\delta_z}{k})(1-\frac{2z}{k})\delta_z=\frac{r}{k^2}(k-2z)(\delta_z)^2>0$ 时，过程工业开发系统生态化处于稳定状态。

解上述方程可知，当 $r>0$ 时，$z<k/2$；当 $r<0$ 时，$z>k/2$。

4.3 过程工业开发生态系统特征

从行业分离来看，过程工业涉及多个环节，传统微观管理主要关注其中三个方面，即物质的转化工艺过程和实现工艺过程以及设备优化和工程放大，为实现清洁、高效和低耗转化而进行的多个工艺的系统集成。传统微观环境管理认为，上述三个方面存在的问题就是发展过程工业的共性问题所在。本书正是在这样一个认识基础上提出了过程工业绿色化方向。目前来看，绿色化的确贯穿了过程工业物质转化的全过程，其所蕴含的科技问题是关键。然而，从过程工业环境问题的根源来看，传统微观环境管理研究缺乏更大、更广的战略尺度，这就造成无法从决策源头来操作行业中的环境及生态问题。

由此，通过认识过程工业开发过程系统生态化的发展趋势，剖析过程开发工业生态系统的特征及其所具有的耗散结构表征，是耗散结构理论与工业生态学理论的基本要求。在此基础上，PISEA 才有可行性和适应性。因此，本节首先从耗散结构理论与工业生态学理论的视角对过程工业开发生态系统特征进行总结。

4.3.1 过程工业开发系统生态化与环境交互作用的耦合机制是过程工业开发生态系统的主要合力

过程工业开发系统生态化与环境影响之间存在客观的动态耦合关系，一方面，过程工业开发系统生态化进程的加快必然引起周围环境的变化，这种变化在过程工业开发系统生态化初期表现为环境恶化，中后期表现为环境得以控制（人们认识程度提高）；另一方面，环境的变化必然引起过程工业开发系统生态化的加快，当环境恶化时则限制或遏制过程工业开发系统生态化进程。可见，过程工业开发系统生态化与环境之间存在复杂的耦合关系。依据耗散结构理论，这种耦合关系可以描述为开放的、非平衡的、具有非线性作用的自组织关系，这种耗散结构系统所肇始的过程工业开发系统生态化与环境变化之间的耦合机制呈现几个显著特征的耦合导向性，即进化导向性、动态梯度导向性、随机涨落导向性及协同导向性等。

4.3.2　物质流是过程工业开发系统生态化进程的主要载体

过程工业开发生态系统囊括范围比较广，涉及过程工业开发的大气污染物区域、水污染区域、土壤废弃物等污染类型，它们之间以过程工业全过程开发的物质流为载体相互联系，其中能量流及信息流往往融合在多维的物质流里，从而形成过程工业开发区域生态过程的推动力。

过程工业中的物质流分析具有环境和社会经济意义。由于物质流是过程工业开发所固有的“行业流动”特征，过程工业开发中的环境污染物也“搭载”着物质流进行时空大范围的移动与扩散，因而在评估过程工业开发活动的环境影响时必须考虑其污染的跨境效应。此外，对物质流的任何干预（包括过程工业中的全流程改造引起的物质流所附带的能量流等动力特征的变化）都会影响过程工业开发生态系统的其他生态过程，甚至造成其他循环在局部范围内的瓦解。因此，过程工业开发生态系统研究必须建立在耗散结构理论及工业生态学理论基础上，通过相关理论架构深入了解物质流动态特征，从而保证过程工业生态系统中物质流过程的流畅性。由此，过程工业开发战略对物质流过程的动力源影响应成为 PISEA 的重点评估内容之一。

4.3.3　稳定性是过程工业开发生态系统的一种可控制指标的表观

由于过程工业行业产业链条范围相对庞大，其在接受过程工业开发生态系统环境压力冲击时，在一定阈值内表现出极度的反应稳定性。而对环境压力的相对反应稳定性，必然使过程工业开发生态系统在一定可控制范围内呈现相对较强的稳定性，事实上，一个完整的工业生态系统最鲜明的标志在于系统与外界环境的协调性，这种协调性最主要表现在系统自身的稳定性。从这个意义上讲，一方面有利于过程工业开发活动的进行，另一方面使其环境压力富有一定的弹性。因此从耗散结构理论出发，只要其中环境压力控制在从“平衡态”到“非平衡态”的阈值范畴之内，过程工业开发生态系统就具有很好的系统稳定性。

正是由于上述复杂的界面交互作用、多样的生态化进程以及密集的人类开发活动干扰等因素，过程工业开发生态系统既具有一定程度的稳定性（阈值之内），也存在随时的不稳定性（超出阈值控制范畴），从而构成了过程工业开发生态系统的复杂性。

4.4　过程工业开发战略及其环境影响

根据过程工业开发系统生态化转型的稳定性条件分析以及过程工业开发生态系统特征研究，可见，如果过程工业开发过程产生的胁迫效应以及诸多因素的联合作用超出了过程工业生态系统的可控制阈值范围，就会造成过程工业所在区域日益严重的生态环境问题。在过程工业开发进程的生态环境问题因由中，行业战略决策的影响最大，因此本节以过程工业开发系统所在区域的发展战略为研究对象，对其构成及环境影响进行分析。

4.4.1 过程工业开发战略的概念

战略思维具有认识论和方法论表征内涵，而每一种战略思维背后都有一种哲学基础。战略起源于军事学，德国军事战略家卡尔·菲利普·戈特弗里德·冯·克劳塞维茨将军认为，战略是为了达到战争目的而对战斗的运用，战略必须为整个军事行动规定一个适应战争目的的目标。在英文中，“战略”一词为“strategy”，它来源于希腊语的“stratagia”，也是一个与军事有关的词。除军事领域之外，战略的价值同样适用于政治、经济等领域。从目前的研究来看，将战略应用到企业管理领域，就产生了企业战略这一概念。在这方面，借鉴企业战略的研究成果，将其引入到过程工业开发发展战略领域中来，从不同角度对过程工业开发战略概念加以阐述。

（1）过程工业开发战略是一种计划

从本质上讲，战略具有“行动之前”的含义。从这个意义上说，过程工业开发战略具有两个本质属性：一是过程工业行业决策部门在行业开发活动之前制定的，以备人们使用；二是有意识、有目的地制定的。

（2）过程工业开发战略是一种模式

目标战略学派的肯尼斯·安德鲁斯认为，战略是由目标、意志或目的以及为达到这些目的而制定的方针、计划所构成的一种模式。即过程工业开发战略是反映行业部门的一系列行动，只要有具体的决策行为，就有战略。

（3）过程工业开发战略是一种定位

只有掌握科学的战略思维才能做到在复杂多变的环境问题中找到准确的战略定位。把过程工业开发战略看成一种定位的概念意味着在制定战略时，必须考虑资源配置及其与外部环境的相互作用，从而合理地整合过程工业行业（部门）的多样化资源。

（4）过程工业开发战略是一种谋划

过程工业开发战略是指行业（部门）为获得可持续发展能力而进行的带有全局性或决定全局的重大谋划。于光远认为，谋划本身包括明确的战略目标、战略阶段的划分、战略重点以及战略谋划等多个方面。

科学的战略思维是科学发展观的重要内容，对于过程工业开发战略而言，是指实施的过程工业行业（部门）在过程工业所在区域开发与管理的一种多维度的战略，本书特指涉及的过程工业开发进程中对过程工业行业（部门）发展及外在生态环境有所影响的相关战略。正是过程工业开发战略具有上述概念，由此决定了过程工业开发战略环境影响的全局性、长期性、规律性和决策性等特点。

4.4.2 过程工业开发战略类型

（1）一般战略类型

在战略环境评价的理论研究和实践探索中，一般都是从整体上讨论战略行为，这个术语包含了战略行为的几个层次，即法律、政策、计划和规划四种不同战略层次。在我国，战略不仅包括上述几个层次，还包括若干具有战略意义的项目，如硼铁矿开发过程、三峡工程、南水北调工程等。我国特有战略层次类型概略如表 4-1 所示。

表 4-1 战略环境评价中战略类型概略

战略类型	具体类型概略
法律层面	国家、区域及地方层次的法律法规、国际公约等
政策层面	区域开发政策、产业发展政策、自然资源开发政策、部门政策
规划层面	国土规划、城市规划、区域（流域、海域）开发利用规划、专项规划
计划层面	社会经济发展计划、行业或部门发展计划
项目层面	具有战略意义的项目，一般涉及范围比较广

（2）过程工业开发战略类型

过程工业开发战略按层次分为过程工业开发政策、开发法律、开发计划及开发规划。具体到过程工业的各个行业，对应相应的行业政策、行业法律、行业计划及行业规划。以矿产过程的硼行业为例，硼行业开发战略可细分为硼行业开发政策、硼行业开发法律、硼行业开发计划及硼行业开发规划等。这里为体现过程工业行业部门的共性问题，从过程工业中各个行业的抽象总称将其概括为过程工业开发政策、相关法律法规、开发规划等战略行为。

按照 PISEA 本质属性，过程工业开发战略可以归纳为管理维与开发维两种层面的主要战略（类型）体系。

过程工业开发战略的管理维战略体系是一种综合性的战略，它主要通过法律、规章、政策、区划、规划和计划等形式对过程工业开发及资源化利用等进行规范、约束和协调，以实现过程工业开发及资源化利用的可持续发展，最终达到过程工业开发系统生态化转向的综合管理目的。根据我国国情，过程工业开发战略管理的典型战略包括过程工业开发的功能区划、开发使用规划、开发规划、开发综合整治政策以及开发综合管理计划等。

过程工业开发战略的开发维战略体系是指某一行业资源的资源化利用方式、规模等的规划、计划等。过程工业所涉及的冶金、化工、矿产、造纸等相关资源是经济社会发展的基础，是可持续发展思想所强调的要素。人类对过程工业相关资源的利用方式主要是通过传统原料资源开采、加工等方式来获取，从而推动社会发展。技术创新的提升，使传统过程工业相关资源的后续加工方式发生了很大的变化，比如对后续下游产业链条的需要日益增加等。在逐渐认识到行业开发战略思维、技术控制和部门决策之间博弈的技术理性逐渐消失后，构建在耗散结构与工业生态学理论基础上的过程工业生态园式的开发战略得到重视，其中以过程工业各行业的工业生态园规划以及以生态园为核心的行业区域开发等为典型。

4.4.3 过程工业开发战略的环境影响机理

尚金城等曾对一般战略的环境影响的发生机理进行了深入研究，认为战略是对人们经济行为的调整，是对社会资源的再分配。过程工业开发战略行为波及范围较广，但在发生方式或机理层面有诸多相似之处，为方便起见，本书一并探讨，不再区分。过程工业开发战略行为环境影响评价发生机理主要在于分析影响来源、发生路径及方式、影响因子三个方面。

4.4.3.1 影响来源

过程工业前期的战略制定过程本身环境影响很小，但作为人们对社会行为、经济行为的调整以及公共资源的再分配，过程工业的前期战略实施将可能对未来环境产生一定影响。按照公共政策理论，决策理论中存在“浴盆式失效曲线”问题（图4-5），纵轴是失效率，横轴是过程（以时间变量为衡量标尺）。在整个工业战略实施的过程中，早期的失效率比较高，因为策略本身有不甚完善的地方，这是正常现象。中期的失效率则降低了，即战略的有利条件和优越性已经充分显示出来。这就提醒管理者要防止中途效应。后期的失效率又会升高，因为战略已经老化，需要被新的策略所取代。

从过程工业的战略环境评价问题上看，“浴盆式失效曲线”的确能较为全面地解释过程工业环境影响的来源问题，但由于战略规划对一些客观规律缺乏认识，如技术知识的局限性以及对过程工业与社会、经济、环境等交互作用认识不足，必然出现“浴盆式失效曲线”，即过程工业环境影响的不可避免性。

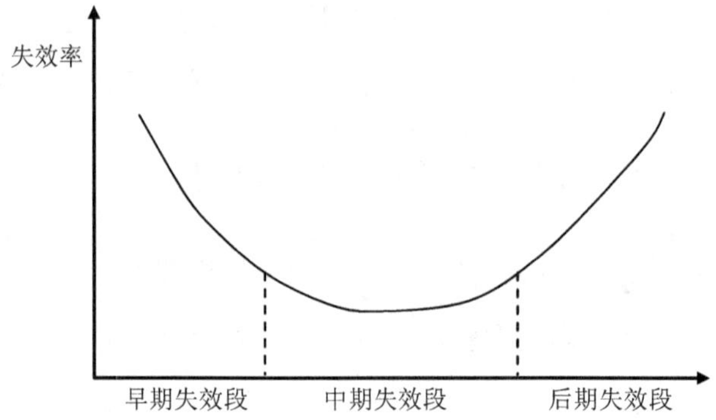

图 4-5　PISEA 策略“浴盆式失效曲线”

4.4.3.2　发生路径及方式

笔者将过程工业开发战略环境影响发生方式归纳为两种：其一，过程工业战略规划可以通过各种方式和方法直接或间接分解为若干具体项目或工程，这些项目或工程建设与营运将造成互相作用的复合环境影响，如在冶金过程工业中，立足区域金属矿山，营建一家特大型钢铁企业，涉及采矿厂、选矿厂、炼铁厂、炼钢厂等。其二，依据过程工业开发系统生态化演变分析思路，单一物料流在全生命周期各个阶段被废弃一定比重或缺乏循环措施时，会产生累积环境影响，在这一方面过程工业表现得尤其明显。因此，在考虑过程工业环境影响发生路径及方式问题时，要始终有一种“大局观”，即所谓的宏观性问题式思路，这就如同核反应中的链式反应：一个变量引起若干变量的反应，如此螺旋式变化。环境管理中变化过程的概念模型为过程工业环境影响发生路径及方式集成提供了一个比较形象的图例（图 4-6）。

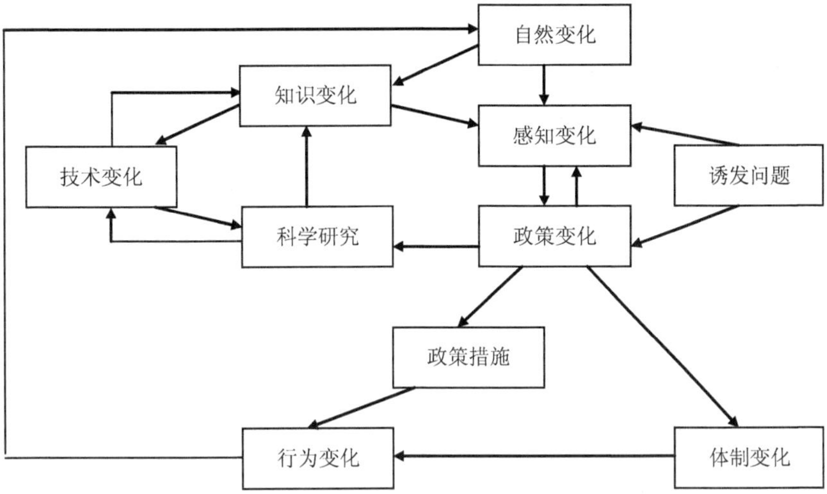

图 4-6　环境管理中变化过程的概念模型

过程工业环境影响发生路径及方式，事实上是向过程工业决策者及环境管理规划者提出了重大挑战，尤其过程工业环境影响具有突发事件特性。意识到这个问题，不仅对资源与环境规划管理者有个提醒，而且从环境公共政策分析角度来看，无疑对应付不可避免的突发公共事件会有所准备，并可着手由此产生的其他不确定性问题。

4.4.3.3　影响因子

复杂性系统提示我们，社会行为和经济行为是复杂的，可造成的环境影响也是复杂的，这在当前项目 EIA 中已充分体现。与项目 EIA 相比，在 PISEA 中需要考虑的环境影响因子更多，且不同层次或等级、不同类型或作用领域的战略策略所引发的环境影响也各不相同，Therivel R. 等认为战略环境评价影响因子可分成全球可持续性因子、自然资源因子和区域环境质量因子三个尺度。为使质量因子具有实际可操作性，在确定因子时，应该结合过程工业战略环境评价系统中的因子所在的具体实际情况，分地区、分层次、分尺度地划分可能的评价因子。

此外，过程工业开发战略行为环境影响评价发生机理还要注意分析战略开发全过程、环境因素及社会因素三者相互作用的动态情况，而实际上过程工业开发战略的环境影响也是由上述三者的互动作用形成的。

4.5 本章小结

本章在联系过程工业行业（部门）实际情况的基础上，以耗散结构理论及工业生态学理论等多学科理论为出发点，探讨了 PISEA 的发生机理。

（1）对 PISEA 研究的基本概念进行了界定，探讨了过程工业开发系统的耗散结构形成机制及表征，并指明了其生态化转向的必然性及稳定性条件，从而拓展出对过程工业开发生态系统特征的探讨，进一步表明了过程工业行业（部门）的环境管理决策手段和规划手段具有多尺度特点。

（2）对过程工业开发战略概念及其类型（层次）进行了全面分析、归纳和总结。

（3）对过程工业开发战略的环境影响发生机理进行了探索性研究。研究表明，过程工业开发战略行为环境影响发生机理主要在于影响来源、发生路径及方式、影响因子三个层面，同时指出了开发战略全过程与社会因素、环境因素相互作用的发生机制是进一步研究的切入点。

第 5 章　PISEA 方法学框架及技术架构

PISEA 是一项极其复杂的系统工程，涉及的行业领域比较多，弄清其机理，靠某个或零散的方法是很难完成或根本不可能完成的，必须依靠一个全面、完善的方法学进行指导。本章在 PISEA 机理分析的基础上，结合行业现实背景，建构多元分析维度的 PISEA 方法论体系及相关技术架构。

5.1　PISEA 方法学框架

5.1.1　传统 EIA 路径、政策评估路径及综合集成路径

研究 PISEA 的方法，依据来源分为传统 EIA 方法路径、政策评估方法路径以及综合集成方法路径。传统 EIA 方法路径主要是针对项目或工程层次的环境影响进行分析，经过了长期的理论探索和实践积累，获得了广泛的认可，由此，PISEA 可以借助传统 EIA 方法对过程工业开发战略进行研究分析，但这并不意味着传统 EIA 方法完全可以套用到 PISEA 中。与传统 EIA 相比，PISEA 的研究对象侧重于过程工业行业部门，其针对性、宏观性较强，影响范围波及与之相关的诸多行业部门，时间跨度长，触及的环境影响因子较多，评价过程非常复杂。从这个意义上说，PISEA 应用传统 EIA 方法路径来研究，存在大多定量分析难度系数比较大的问题，应

该更多地引入定性方法及管理科学的评价方法，比如一些比较前沿的管理思想及理念等。

政策评估方法途径主要是引入公共政策、战略管理、规划科学等学科的理论方法，包括公共政策预测、有效性评估、战略分析等工具。公共政策分析中包括价值分析、可行性分析等；战略管理中包括战略制定、战略选择、战略实施及控制等策略。这些政策层面的评估方法完全可引入PISEA研究中。

可以看出，PISEA是传统EIA方法路径与政策评估方法路径的耦合交叉。由于传统EIA方法路径主要针对项目或工程层面，而政策评估方法路径针对政策、规划、计划等较高战略层面，因此政策评估涉及的内容更丰富，也更复杂。相对于传统EIA研究体系，PISEA的研究内容更为庞大复杂，研究涉及过程工业行业开发战略及其外在环境的一个复合生态系统。因此在类似复杂系统的研究中，钱学森提出应用专家群体、信息和计算机技术等有机结合的方法，将多学科的理论和个人的知识经验结合起来以发挥系统整体优势和综合优势，采取从定性到定量的综合集成方法路径，从而将其引入PISEA研究范畴之内。综合集成的方法路径，属于一种以定量建模为主、定性分析为辅的分析方法。

5.1.2　综合决策一体化理念的PISEA方法学

5.1.2.1　决策一体化路径概析

近年来，PISEA涉及的相关环境公共政策问题体现出专门化、综合化及系统化研究的发展趋势，结合SEA在国内外研究状况以及过程工业行业的环境问题的研究动态，相关研究可以同时从两个“入口”切入。一个是纵向生命周期，即从环境公共政策方面考虑研究与过程工业相关的环境问题，研究环境保护从决策层到战略规划、计划及项目层面的步步落实。另一个是横向生命周期，即一个项目环境影响评价的全过程（过程工业开发过程系统囊括的链条），研究具体中观、微观尺度的过程工业相关环境问题。这两个共同的“出口”，即纵向生命周期、横向生命周期交叉耦合，互相补充，共同构筑了过程工业相关行业的资源环境及生态问题的研究框架，这可以说是 PISEA 研究的关键点。了解交叉耦合的两个生命周期所衍生的复合环境问题，就能使 PISEA 研究更加深入、透彻、完善和系统。

对于 PISEA 研究中涉及的“纵向生命周期、横向生命周期交叉耦合”这一概念的具体含义提出一个初步的归纳：

首先，将环境问题中的纵向生命周期（环境公共决策链条）与横向生命周期（过程工业开发系统的全过程）作为一个有机整体来考察，强调在过程工业开发过程系统运行中去考察环境问题存在的周期性影响、产生的原因和解决的途径。追求将纵向生命周期的多源流政策模型理论与横向生命周期的工业生态学的方法策略之间的交叉耦合关系具体化，在尽量精确认识的基础上，寻找实现二者交叉耦合的基调，探寻环境管理全过程的持续发展要素。它解决环境问题的着眼点不局限于多源流政策模型理论环节，也强调生产活动投入到工艺技术装备特性的全过程。一般来讲，建立在纵向生命周期、横向生命周期交叉耦合基础上的 PISEA 将在更广阔的范围内寻找二者的共同作用点，并对不同作用效果进行评估，从而为 PISEA 研究对象的作用形式和作用领域开拓更为广阔的选址范围。强调将纵向生命周期、横向生命周期交叉耦合作为一个有机整体来研究，一方面，在 PISEA 中，二者本来是同一客观过程的两个方面，互为补充，以往的项目 EIA 恰恰忽略了这一点。使二者得到体现的另一个方面是，在过程工业中，尤其在冶金行业中，比较侧重于微观环保，而忽视了宏观环保。微观环保的劣势是忽视了过程工业行业的整体架构，仅仅关注诸如企业内部的节能降耗等关联的环境问题。而宏观环保则突破了这一层面，从决策源头掌控行业的环境问题，即从决策、规划等整体机构入手，这一方面也是学术研究中比较薄弱的环节。

其次，PISEA 中的纵向生命周期、横向生命周期交叉耦合相关研究，囊括了不同层次。这一含义是依据生命周期相关的环境选择及其效果基本影响因素的认识，即生命周期相关环境研究会受到若干因素的约束。这些因素分别属于横向生命周期、纵向生命周期环节，即过程工业开发过程系统中的全过程约束、价值关系约束等，以及纵向生命周期环节的多源流政策模型所触及的制度约束、行为约束、政策设计与实施本身等。以往项目 EIA 仅从横向生命周期的过程工业开发过程系统单一层面进行类似分析，而对上述多种不同层次的综合分析较少，对不同层次的影响因素之间联系的探讨更少，而只有将不同层次的影响因素综合考虑，PISEA 研究才可能具有更为坚实的基础，即 PISEA 的基本出发点不仅要综合研究纵向生命周期、横向生命周期交叉耦合的单一层面，还要进行整体的有机的多层次剖析。

最后，与上述纵向生命周期、横向生命周期交叉耦合概念相关联，作为一种跨学科的 PISEA 研究，意味着要得到多学科支持。无疑，PISEA 研究中涉及纵向生命周期、横向生命周期交叉耦合研究，最基本的学科理论基础来自环境科学，但在这里，环境科学却通过过程工业开发过程系统及一系列关系的贯通，与社会科学、工程科学等融为一体并应用于 PISEA 分析。可以说，任何一个相关学科的支持在 PISEA 研究中都是各有其功效的。

明确 PISEA 中纵向生命周期、横向生命周期交叉耦合概念的目的在于为实现过程工业行业（部门）的综合决策提供理论分析框架，力求将行业部门的环境保护纳入国民经济和社会发展规划，使环境保护在过程工业行业（部门）决策机构得到体现和重视，而不是局限于过去的项目EIA层面。PISEA的方法学框架的构建最终目的在于在过程工业行业建立综合协调的资源环境管理体系，创造一种整体上的最优，这种新的决策和管理体制只有靠行业决策部门来组织、推动和实施，因此它是PISEA的终极目标所在。

5.1.2.2 纵向生命周期：环境公共政策过程中的多源流模型

（1）环境公共政策过程中的三种源流

在具体、复杂、多维的环境公共政策活动中，有许多因素影响着环境公共政策过程的运行，这些因素呈现的连续性状态，可以“流”的状态来表示。公共政策领域对此进行了相关研究，并将此“流”态粗略分为三种，即政策问题源流、环境公共政策源流及政治源流等。

所谓政策问题源流，指的是人们在环境政策活动中对客观存在的、已经被觉察到的环境公共问题的辨认与理解的过程。它是一系列政策过程影响因素变动聚合而表现出来的变动状态。影响和促进环境公共政策问题源流的因素很多，诸如环境质量变化的诸多指标起伏程度、环境危机引起的社会问题、公众及环境公共政策管理者对环境问题的反馈情况、政府对环境危机事件的应急情况等。

所谓环境公共政策源流，指的是围绕一定的环境公共问题，人们对解决问题的目的、途径、方案进行的争论、冲突或对话、协商等。在相关过程中，人们的观点或建议会受到种种相关因素的影响，比如环境工程技术的发展水平、解决实际环境问题底层的技术可操作性、环境价值层面的认同感以及公众对政策制定的可接受性等。

所谓政治源流，指的是环境政治系统面对社会问题的态度变化，面对环境公共问题，环境政治系统会形成一定的观点和应对的态度，掌握环境政治决定权的机构和人员，会对政府环境机构是否利用资源去解决客观存在的环境公共问题做出反应。环境政治系统对客观存在的环境公共问题持有何种立场和态度，影响因素很多，比如公众参与的范围及力度、舆论导向、法律规制及利益集团等。

（2）环境公共政策的多源流模型的运行进程

在多源流模型中，三种源流常常是向不同的方向流动的，三者很难聚合。但是只要有机会，就会触发三种源流汇合到一起（图 5-1）。当然，影响多源流模型运行机制的因素很多，比如，环境公共政策的制定，执行者对政策制定、执行的实际状况与预想是否一致，环境政策备选方案是否合理，其中合理性包括两个方面，即政策质量和可操作性。

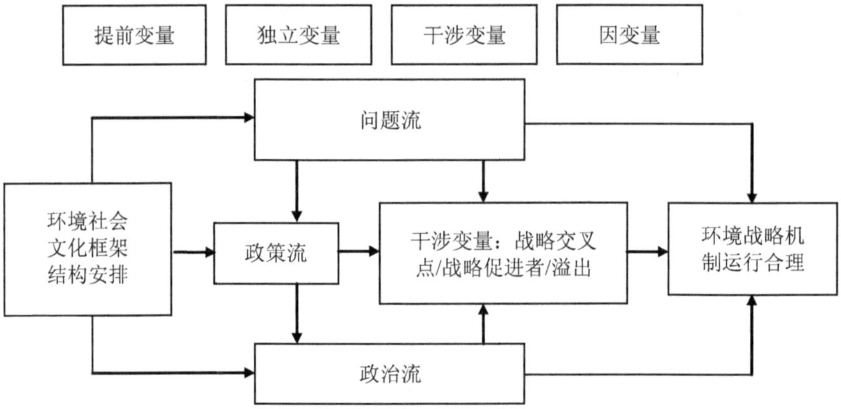

图 5-1 与环境公共政策相关的多源流运行机制概念修正模型

具体来说，影响环境公共政策活动的研究模型，即多源流模型中三大源流聚合的变量有四种：提前变量、独立变量、干涉变量及因变量。

第一，提前变量。主要是环境公共政策活动的参与者对政策问题、观点和革新的感知，由于这些因素都是在环境公共问题进入多源流运行进程中发生作用的，因此被称为提前变量。

第二，独立变量。主要是抑制或促使环境公共政策观点发展的因素。这些因素与环境公共问题不一定相关，但是，这些一直存在的因素在整体上对环境公共政策多源流模型运行机制有很大的影响。比如，环境文化概念的形成对人们对环境问题的认识程度的影响，在这方面中国环境文化促进会组织的形成与之具有较强的关联性。

第三，干涉变量。主要是促使或阻碍已经产生的观点进入多源流模型相关政策并运行通畅的条件。

第四，因变量。主要是指当一个观点成为提案，并即将进入多源流运行机制中时，多源流模型相关政策运行受影响程度。

在上述的提前变量、独立变量、干涉变量及因变量等作用下，多源流模型中的问题流、政治流及政策流开始汇合，并经过干涉变量的筛选过滤，多源流模型所主导的环境公共政策运行机制进入顺畅环节。

5.1.2.3 横向生命周期：工业生态学的 LCA 理念

横向生命周期是指引入工业生态学中的 LCA 理念（图 5-2）。在这方面，国内外已经围绕工业生态学问题进行了诸多研究，且积累了初步的研究成果。这也是国内工业生态学领域比较侧重于过程工业行业微观环境管理层面的特色。在开展 PISEA 的决策一体化方法学框架探讨中，完全可以参考工业生态学领域的研究思想及方法。当然必须要注意的是，国内该领域由于若干原因，长期忽视宏观战略层面的研究（纵向生命周期），这是我们应该加以完善的。尽管如此，微观环境管理的特色和长处还是值得借鉴的。

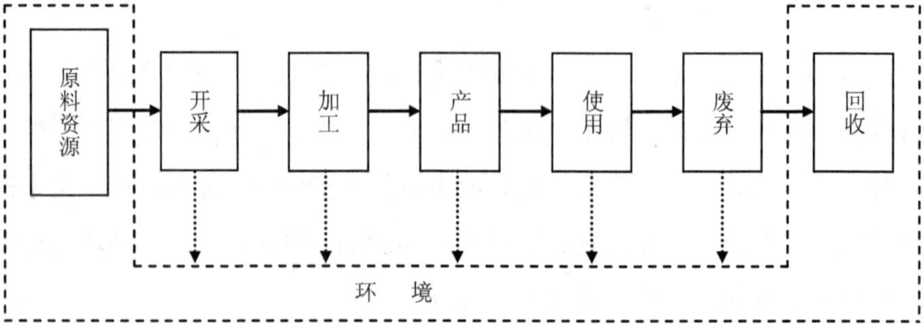

图 5-2 基于横向生命周期的过程工业开发全过程

5.1.2.4 基于横向生命周期、纵向生命周期交叉耦合的分析矩阵

将上述过程工业开发战略层次分析的多源流模型与横向过程工业开发全过程分析结合起来可形成一个分析矩阵。也就是说，过程工业开发战略环境评价可以借助这样的分析矩阵方法学框架，对过程工业开发战略的全过程的任何一个环节或分析点进行战略层次的具体分析，从而使宏观与微观层面达到有机统一（表 5-1）。

表 5-1 分析矩阵：战略层次与全过程分析的耦合

战略 \ 战术		开采	加工	过程产品	使用或消费	废弃或处置
变量	提前变量					
	独立变量					
	干涉变量					
	因变量					
多流态	问题流					
	政策流					
	政治流					
环境战略机制运行状态						

过程工业开发活动的复杂性决定了其影响评价不能采用单一的方法，而应该采用综合集成的决策一体化理念方法。决策一体化理念方法不是一种具体的方法，而是一种具有指导作用的方法论，该方法论指导评价者依据不同的评价过程相应地选择一系列适宜的方法。

5.1.2.5 PISEA 环境选择的路径指向

本书在 PISEA 决策一体化理念方法体系中的耦合分析矩阵框架研究基础上，提出 PISEA 环境选择的路径指向的概念。概念提出的目的在于对 PISEA 的决策一体化的战略行为进行动态前瞻。

环境选择的路径指向认为，在给定的环境公共政策多源流模型的多种“流”（问题流、政策流及政治流）以及横向生命周期的物质流的共同耦合制约下，PISEA 的环境政策选择范围是有限的，环境政策的效果受制于这些制约条件，并不由过程工业行业决策者和执行者的主观意愿所决定。

任何制约条件的变动都意味着环境政策选择范围的变化。然而，不同的政策措施在相同政策制约条件下的作用效果可能存在差异，因此就存在在给定制约条件下政策寻优的问题。在这里，存在一个基本假设，即政策选择空间越大，各种制约越松，政策效果就会越好。但是，在政策选择空间的范围内存在众多的政策选择，只有那些充分达到制约条件临界的政策选择才是在给定选择空间中最优的政策。为了表述方便，用图 5-3 表示 PISEA 环境选择的路径指向，而环境选择的数学概念模型表示为

$$P=f(\mathrm{M},\ \mathrm{PS},\ \mathrm{OP},\ \mathrm{PO},\ x,\ y,\ z,\ u) \tag{5-1}$$

式中，P——环境选择的政策及其执行效果；

M——有关的物质流特性；

PS（Policy Stream）——有关多源流模型中的政策问题流特性；

OP（Origin Policy）——有关多源流模型中的环境公共政策源流特性；

PO（Political Origins）——有关多源流模型中的政治源流特性。

x、y、z、u（分别为提前变量、独立变量、干涉变量、因变量）按照矩阵耦合机制作用于上述多源流模型各流态中。

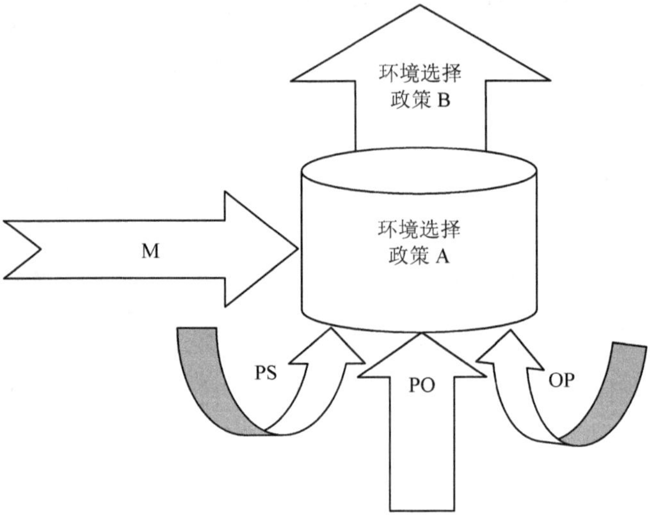

图 5-3　PISEA 环境选择的路径指向

在这里，作为政策效果的因变量 P 既可以是用环境质量指标量度的政策在环境质量方面的输出结果，也可以是政策在污染控制费用方面的输出结果，还可以是政策在技术影响方面的输出结果，或者是三者的组合。这取决于具体的直接政策目标是改善环境质量，还是在给定一定污染控制水平条件下使污染控制的费用最小，或是促进科技进步及清洁技术的推广应用。

5.2　PISEA 技术架构

PISEA 技术架构是指依据 PISEA 特有的决策一体化方法学框架理念，同时结合具体国情，对过程工业开发战略涉足的行业部门进行的设计。本书立足东北大学冶金资源与环境工程研究所长期以来围绕硼铁矿资源过程工业开发技术性资料的积累，提出了 PISEA 的技术架构（图 5-4）。该技术架构主要以过程工业开发战略规划及行业工业生态园为对象，但其总体思路对其他战略层面（如法律、政策和计划等）同样适用。

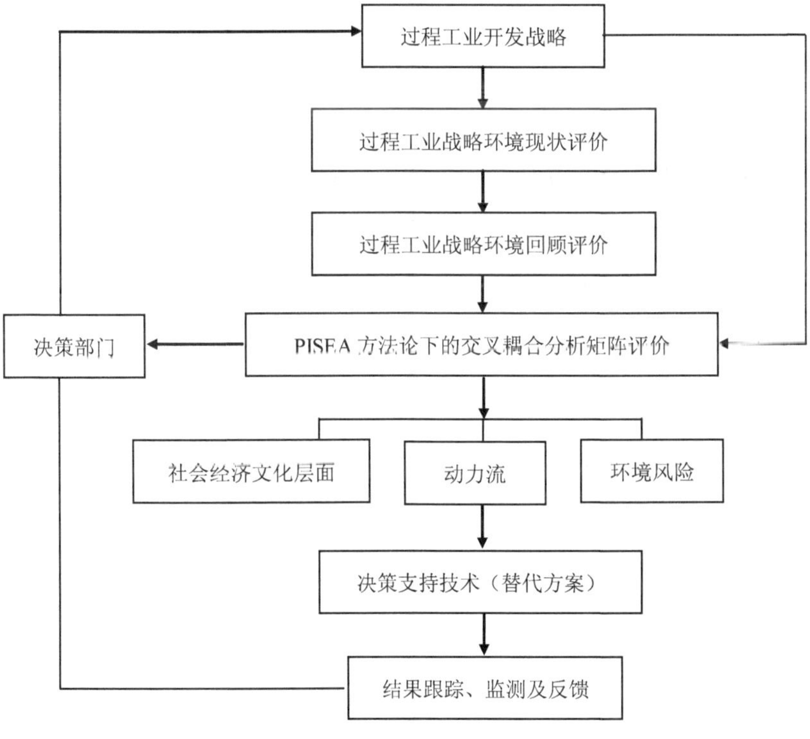

图 5-4　PISEA 的技术架构

该技术架构的突出特点是将PISEA过程和战略制定过程充分融合。将战略制定早期提出的“环境管理全过程控制思想”体现于技术架构中。其中“环境管理全过程控制思想”是指在战略内容初步分析的基础上，根据相关法规制定的指导原则，它的提出使PISEA由被动反应变为主动控制，避免了战略制定与环境保护之间的重大冲突。整个技术架构和决策过程一致，表现为动态循环的互动性，从而使PISEA真正体现决策一体化理念方法论辅助决策的指导性。

技术架构遵循了PISEA的基本原则，它包含过程工业开发系统生态化远离平衡态—非线性动力—涨落—阈值等系列耗散结构机制分析的预测、演变与调控的完整过程。即通过过程工业开发战略环境现状评价，确定评价的重点；结合过程工业开发战略回顾评价，探求针对过程工业开发活动类型及过程工业开发生态系统的耗散结构非平衡性机制，为开发活动压力下过程工业开发生态系统的变化预测提供依据；PISEA方法论下的交叉耦合分析矩阵评价作为预测阶段的方法论指导，体现在以过程工业开发动力流（多流态）环境影响作为非线性动力，以社会经济文化影响为外在多维拓展要素，并通过环境风险评价考虑环境危机事件下分析矩阵的弹性机制；在此基础上所形成的替代方案和减缓措施是开发战略对环境影响程度的适应与调控。

该技术架构既是实践积累的历史概括，也是理论研究的逻辑诉求，实现了历史与逻辑的统一性表征，具有一定程度上的科学性与可操作性。

5.3 PISEA关键技术

PISEA关键技术是对技术架构中的程序环节进行具体分析研究，主要包括过程工业开发战略环境现状评价、过程工业开发战略环境回顾评价以及 PISEA 方法论指导下的动力流、社会经济文化及风险等层面的过程工业开发战略环境影响预测等技术方法。

5.3.1　过程工业开发战略的环境现状评价

过程工业开发战略的环境现状评价是在环境现状调查的基础上，定量或定性地描述环境质量状况的过程。其目的在于发现存在的问题，识别环境敏感目标，从而明确过程工业开发战略的重点。依据 PISEA 基本原则，过程工业开发战略过程囊括了一个具有耗散结构特性的生态系统。而这样的一个生态系统要保持持续发展，必须使其健康、安全及友好地运行。由此，过程工业开发战略的环境现状评价必须对其生态系统的健康运行进行评估，将生态系统健康评估理论引入过程工业开发战略的环境现状评价分析，可以确保环境现状评价达到较理想的评价等级。

生态系统健康是环境管理的一个新方法，也是环境管理的新目标。Schaeffer 等首次探讨了生态系统健康的度量问题，但是没有给出明确定义。Rapport 首次论述了生态系统健康的内涵，认为生态系统健康（Eco-system Health）是指一个生态系统所具有的稳定性和可持续性，即在时间上具有维持其组织结构、自我调节和对胁迫的恢复能力。生态系统健康概念虽然只有十几年的历史，却受到了广泛关注：多次举办过有关的国际会议，成立了多个专门的学会组织，出现了专门以生态系统健康命名的国际杂志。在方法论上，生态系统健康研究还处于实验和摸索阶段，尚未形成一套成熟的方法，但它强调跨学科的交叉和融合。

进行生态系统健康评价必须要有相应的标准，对不同生态系统的尺度选择标准也不尽相同，但目前公认的标准有活力、恢复力、组织、生态系统服务功能的维持、管理选择、外部输入的减少、对邻近系统的破坏及对人类健康的影响等八个方面。其中最关键的是前三个方面。

有了标准就可以进行生态系统的评价，但做起来并不容易，因为相关指标的测定是非常难的。目前适用于过程工业开发战略的生态系统健康评价指标体系尚未成熟。为了评价过程工业开发生态系统的健康状况，学者们提出了研究系统健康评价的三个相关指标：生产率、生命力及环境适应性，这是来自耗散结构理论的启发与类别移植（图 5-5），对于上述三个指标的含义，笔者结合过程工业开发生态系统，对其含义进行阐释。

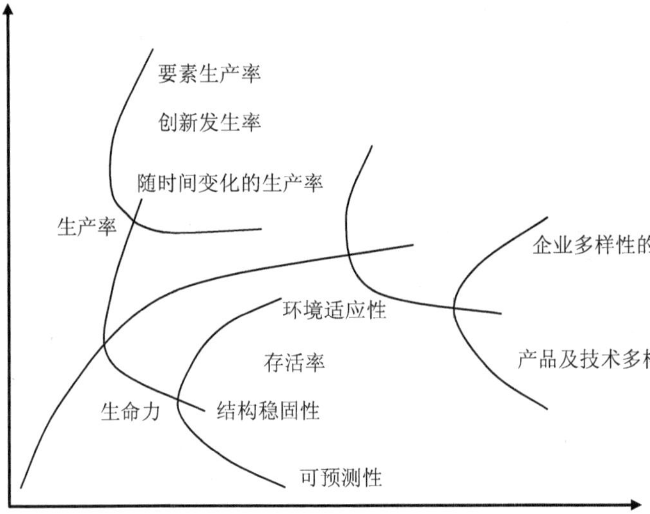

图 5-5　具有耗散结构演变特点的生态系统健康评价指标

（1）生产率

在关于生态系统保护的文献中，生产率被广泛使用，用以衡量生态系统健康及其提供给使用者受益程度的指标。生产率指标耗散演变出三个子指标：

第一，要素生产率。借用经济学中传统的生产率分析技术，我们可以根据参与过程工业生态系统的行业将生产要素转化为有用产品的生产率水平，来进行过程工业开发生态系统之间的比较。

第二，随时间变化的生产率。过程工业生态系统中的子系统以及与之相关的有机组织的生产率情况是否随时间的推移发生了改变。

第三，创新发生率。在过程工业开发生态系统研究中，一个非常有益的衡量指标是对过程工业生态系统共享和促进创新的倾向性进行考察，可用来衡量某一个系统能否有效地将新的技术、流程或构想传递给其组分。创新发生率这一衡量指标促使我们跟踪特定创新的开发和推广过程，并有效地使用这些创新的成本和收益。

（2）生命力

生命力作为系统健康指标之一，也可借用到过程工业开发生态系统中。为此，笔者提出衡量过程工业开发生态系统生命力的三个具体子指标：

第一，存活率。具有良性生命力的系统应该使其组分具有较高的存活率，无论是从时间进程还是空间发展比较，都是如此。

第二，结构稳固性。具有良性生命力的系统中，组分之间的关系可以发生变化，但系统的结构不会因为受到外部“扰动”而出现“涨落”现象。必须指出的是，对于依靠“平衡态”维持的组分来说，它们依赖的是该生态系统所具有的耗散结构的稳定特征。

第三，可预测性。具有良性生命力的生态系统，其耗散演变的技术轨迹应该是可以预测的。

（3）环境适应性

对于过程工业开发生态系统来说，真正需要考证的是系统能否随着时间的推进而创造出新的有价值的功能，以此来衡量过程工业开发生态系统是否有能力增加其有意义的多样性。借用生态学的内涵，就是创造新的过程工业开发生态系统中有价值的环境适应性。如此一来，笔者引出环境适应性的两个子指标：

第一，企业多样性的增加，即一个过程工业开发生态系统在给定的时间内“孵化”出部门企业的数量。

第二，产品及技术多样性的增加，即在给定的时间内，一个过程工业开发生态系统内所创造的新的技术方案、技术建构模块、类别、产品系列或业务的数量等是否多样意味着整个系统抵抗风险能力的强弱。值得注意的是，这一层面的衡量指标与前述创新发生率指标是相关联的。因为实现创新的一种方式就是创建新的企业。因此，衡量环境适应性的一个相当直接的方法，就是测定新技术在多大程度上正以多种多样的形式或产品出现。

归纳起来，系统健康状况的多种层面的衡量指标是有一定系统性的。这些指标反映了对过程工业开发生态系统健康状况的一种相对清晰的、可操作的测度。它们可以应用于不同的过程工业开发生态系统之间及其内部各职能之间的健康状况的直接对比。

5.3.2 过程工业开发战略回顾评价

5.3.2.1 过程工业开发战略回顾评价的概念及意义

传统的回顾评价是针对项目环境影响评价而言的，PISEA 研究将回顾评价的对象扩展到战略层次，由于研究对象不同，PISEA 研究中的回顾评价与传统的回顾性评价在性质、内容、方法以及作用等方面都不相同。为区别于传统的回顾性环境评价，本书将所研究的 PISEA 中的回顾评价称为过程工业开发战略回顾评价。

回顾评价是 PISEA 的基础工作和重要内容，其目的和内容在于通过历史资料分析生命周期全过程的方法，一方面为评价内容筛选和评价重点确定提供依据，另一方面重点评价过程工业开发活动引起（如硼铁矿过程开发）的累积环境效应，为预测评价提供一定的定量依据。由此可见，过程工业开发战略回顾评价的重点在于生命周期的累积环境效应评价。

5.3.2.2 基于全流程分析的过程工业开发战略回顾评价

过程工业开发战略回顾评价的重点在于累积环境效应，而关于累积环境效应评价实践的报道虽然并不多见，但其框架已经形成，因此过程工业开发战略回顾评价主要采用累积环境效应评价的思路。从过程工业开发全流程的角度入手，结合开发活动的影响分析，即引入工业生态学中的AT&T矩阵系统评价分析方法，可以对过程工业开发战略进行一个较好的累积环境效应分析。

工业生态学比较重视生态效率，更强调工业进程的代谢。AT&T矩阵系统评价方法是由Braden R.Allenby与Thomas E. Graedel共同为AT&T公司开发的一种资源环境评价工具，大大简化了LCA方法，使资源环境的研究对象范围从工厂内部延伸到包括产品或生产过程的所有阶段。AT&T矩阵系统的研究对象与生命周期相关联，具体包括三个环节，即产品的生命周期评价（Product Life Cycle Assessment，PLCA）、工艺的生命周期评价（Technology Life Cycle Assessment，TLCA）、工厂的生命周期评价（Factory Life Cycle Assessment，FLCA）。

（1）产品的生命周期评价（PLCA）

PLCA目前应用比较广泛的是制造工业，而对过程工业应用尚未得到普遍推广（目前在过程工业中正积极推广清洁生产体系）。图5-6为PLCA处理产品从资源开采到废弃、回用的全过程。

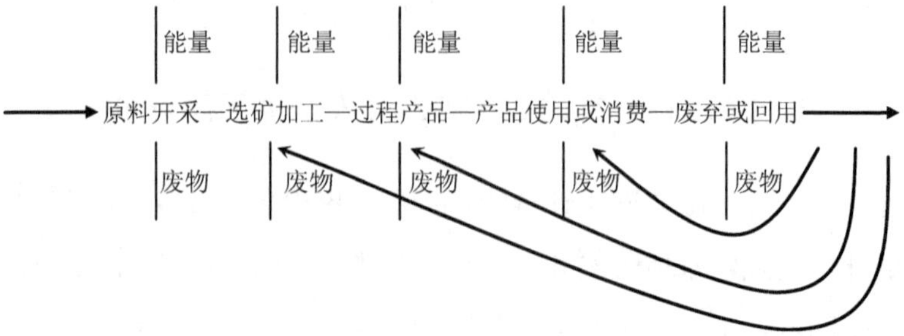

图 5-6　产品的生命周期评价（PLCA）

（2）工艺的生命周期评价（TLCA）

TLCA 至关重要，因为产品设计大多依赖工艺流程框架，与产品的持续生命周期阶段不同，工艺的生命周期阶段有 3 个，即资源供应与工艺落实同时发生，主要生产过程操作和辅助生产过程操作也同时进行，另外还有寿命终结阶段，包括整修、再生和处置等（图 5-7）。

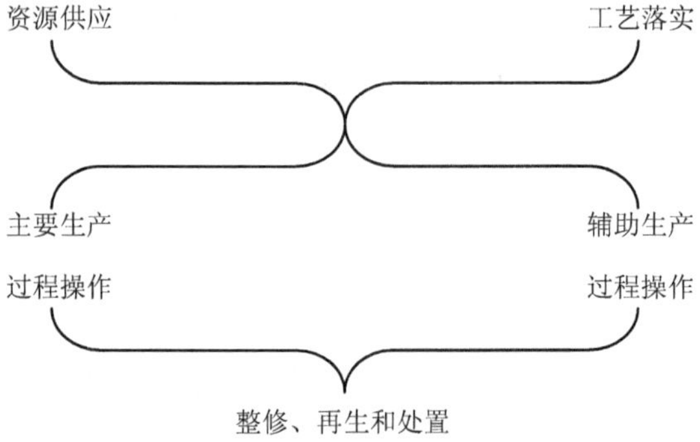

图 5-7　工艺的生命周期评价（TLCA）

（3）工厂的生命周期评价（FLCA）

与产品和工艺一样，工厂也具备自身特色的 LCA 分析框架，即 FLCA，大体涉及 5 个阶段或环节（图 5-8）。

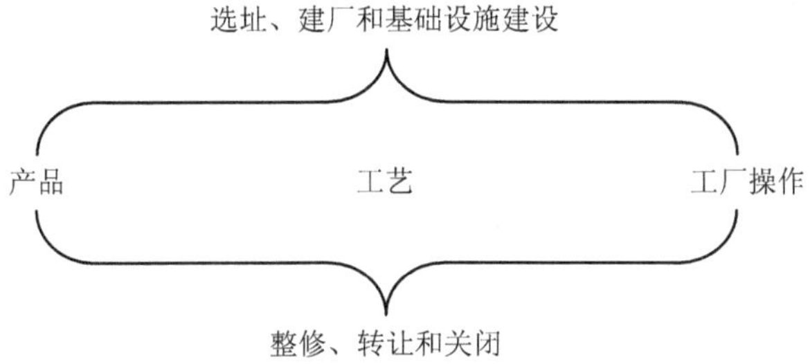

图 5-8　工厂的生命周期评价（FLCA）

AT&T 矩阵系统评价的主要特征是一个 5×5 矩阵，其纵向维数是生命周期阶段，横向维数是资源环境问题，其思路与杜邦公司所侧重的产品按照绿色效益—环境影响两坐标图进行评估有相通之处。但 AT&T 矩阵研究每个生命阶段的活动及其潜在的环境影响，并赋予矩阵的每个元素从 0 到 4 的整数因子（表 5-2）。其中，环境影响赋值在参考 AT&T 矩阵及专家咨询基础上进行修订，分为 5 个等级进行打分。逐个给矩阵元素打分之后，将赋值相加便得到矩阵元素值之和。

表 5-2　AT&T 矩阵系统评价指标基准

评价指标	没有环境影响	环境影响很小	环境影响中等	环境影响重大	环境影响很大
赋值分值	4	3	2	1	0

其计算模型为

$$R=\sum_{i}\sum_{j}M_{ij} \tag{5-2}$$

式中，R——性能指数；

i——某一环境影响因子的生命周期阶段，下同；

j——某一子过程的生命周期阶段，下同；

M——PLCA、TLCA 及 FLCA 不同类型 LCA 的评价分值。

矩阵中共有 25 个矩阵元素，得到的分析结果 R 是一种性能指数，以半定量的形式来反映生命周期阶段的资源环境影响指标。

针对 PISEA 生命周期过程分析，对上述计算模型进行修正，即可得

$$R=\sum_{i}\sum_{j}\omega_{ij}M_{ij} \tag{5-3}$$

式中，ω_{ij}——权重系数。

事实上，矩阵方法中的性能指数 R 的计算涉及了两方面的指标，即单一环境因子所受到的累积阶段环境影响 $r=\sum_{j}\omega_{ij}M_{ij}$ 及单一阶段对各环境因子的累积影响 $r'=\sum_{i}\omega_{ij}M_{ij}$。

另外，比较 PISEA 生命周期过程开发的资源环境影响，针对实际情况在上述基础上，提出一个过程综合指标 N，其目的是将性能指数 R 求和，综合比较评价。

具体计算公式为

$$N=\sum_{e}\omega_{e}R_{e}/e \tag{5-4}$$

式中，ω_{e}——子项 R_{e} 权重，这里设置为等权重；

N——针对不同过程工业生产过程的 PLCA、TLCA 及 FLCA 的不同类型 LCA 的加权求和评估分值；

e——不同过程工业生产过程的不同类型 LCA 的数量。

5.3.3　过程工业开发战略动力流的环境影响评价

5.3.3.1　过程工业开发战略动力流环境影响评价的必要性

如何预测过程工业开发战略决策的质量，涉及制定决策的影响因素，只有决策与影响因素相辅相成，决策质量才能得到保证。过程工业开发战略环境影响预测评价主要侧重于其动力流的环境影响评价。综合决策一体化方法体系揭示了过程工业开发战略的动力源流问题，即过程工业开发战略包括两个层面的“流”：纵向生命周期层面的多源流模型所涵盖的问题流和政策流；横向生命周期层面的全过程开发的物质流和能量流。实际上在技术哲学层面过程工业开发战略动力流还包括技术流、工程流及产业流等不同的动力流态。

“流”是过程工业开发系统生态化的最主要载体，“流”在过程工业开发生态系统中的重要性不仅在于其与环境质量直接相关，更表现在其动力过程。因为过程工业开发战略的动力过程和其他物质循环等生态过程存在密切的联系，是过程工业开发生态系统的关键驱动力。过程工业所涉及的行业门类大多呈现复杂性、整体性特征。人类活动通过过程工业的作用可以改变自然条件下的过程工业开发战略动力状态，从而直接或间接地影响过程工业开发战略所覆盖的生态环境状况（图 5-9）。

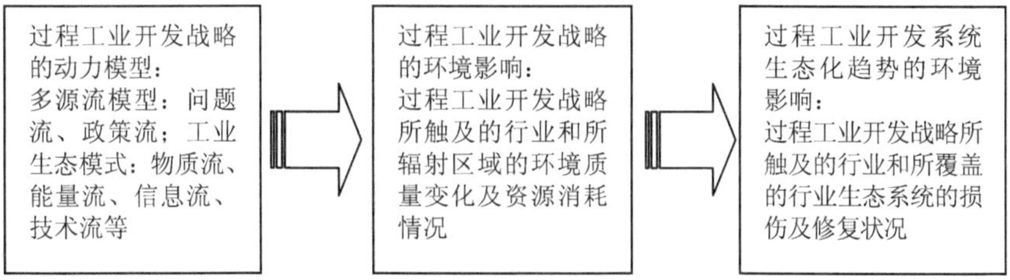

图 5-9　过程工业开发战略的动力改变对环境生态的影响链条发生机理

因此，当过程工业开发战略将改变过程工业开发方式或影响其流态动力状况时，应将过程工业开发战略的动力环境影响评价作为其特定内容，通过过程工业开发战略的动力环境影响评价，一方面可以了解过程工业开发战略实施对其动力环境本身的影响，另一方面也可以在其动力变化预测的基础上，对过程工业开发战略所涉及的生态环境变化的影响内容、影响范围及影响程度进行分析预测。

5.3.3.2 过程工业开发战略动力流的环境影响评价方法

过程工业开发战略的动力流环境影响评价方法可以依据综合决策一体化的方法理念，引入公共政策评估方法以及工业生态学中的工业代谢机理进行定性、半定量的分析。

（1）公共政策评估方法

政策评估中最重要的是评估方法的选择，公共政策评估方法是指在政策评估中采用的具体方法，它是政策评估赖以实现的手段，包括“前—后”对比法、“投射—实施”对比法、“控制—实验”对比法、“有—无政策”对比法等。

（2）工业代谢机理分析

综合决策一体化方法体系中，对于横向生命周期引入了以工业生态学方法理论为基础的环境管理模式，从而突出以物质流为主线的横向过程工业全过程开发的分析。本部分对物质流进行拓展，在其基础上进行能量流的分析，实现两者耦合运行，但这样的研究仅仅侧重过程工业开发战略的工艺流程层面。作为战略环境评价角度的研究，更应放宽视野，使其范围更为系统，实现与过程工业行业决策层面挂钩，即分别从技术、工程及产业角度进行研究分析，在这个方面技术哲学、工程哲学及产业哲学提供了较好的流态研究路径思维，即分别从技术哲学角度剖析技术流，从工程哲学角度剖析工程流，从产业哲学角度剖析产业流，此外，信息流也不可忽视（图 5-10）。

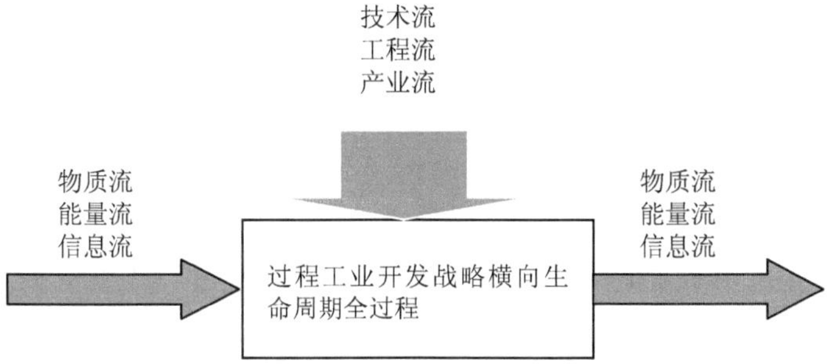

图 5-10　过程工业开发战略工业代谢机理的动力流态分析

在一定空间范围内，工业代谢进程中的各种“流”构成了一个相互作用、相互依存的生态型功能单元，在这种功能单元中，各种“流”处于一种自我调节的、有序的稳定状态，正是在此基础上，工业代谢进程中各种“流”的代谢关系可以依据耗散结构理论的自组织机理进行分析。自组织机理认为系统具有能动地适应环境，并通过反馈来调控自身结构与活动，从而保持系统的稳定、平衡及与环境一致性的自我调节能力。

依据耗散结构理论的自组织机理，工业代谢进程的自组织程度可以用有序度ψ来描述：

$$\psi = 1 - \frac{S}{S_{max}} \tag{5-5}$$

式中，ψ——有序度；

S——熵；

S_{max}——熵的最大值。

若工业代谢进程不能较好地将各种流输运时，S将增大，当$S=S_{max}$时，即熵值达到极大时，$\psi=0$，则代谢完全混乱无序，各种流输运的自组织程度达到最小；当代谢进程能有效地输运各种流时，S 将降低，当 S=0 时，ψ =1，则代谢完全有序，代谢输运组织化程度达到最高。

5.3.4 过程工业开发战略的社会经济文化系统影响评价

5.3.4.1 社会经济文化系统影响评价的意义

过程工业开发战略所带来的生态环境影响是过程工业开发所涉及的社会经济文化系统与生态系统相互作用的产物。从工业生态学角度来看，过程工业开发生态环境问题的根源在于所谓的“公共物品”的外部不经济性，尤其是缺乏工业生态系统所囊括的过程工业开发全过程的循环经济性。因此，不能仅依靠自然生态系统的调控，更需要对过程工业开发战略所涉及的社会经济文化系统的整合进行管制，社会经济文化系统评价有其必要性与可能性。

5.3.4.2 过程工业开发战略的社会经济文化影响矩阵评价

以往开发战略中一般仅进行社会、经济两个层面的影响评价，缺乏文化心理层面的评价，在科学技术和物质文化昌明的时代，精神文化也要同步前行，尤其应使文化的变迁更好地符合人类的理想，尽量降低文化中的非理性因素。为此过程工业开发战略将其进行拓展，即进行开发战略的社会经济文化影响评价。根据我国当前过程工业开发战略环境评价的现实性及可能性，社会经济文化影响评价重点突出过程工业开发战略全过程的投资需求以及这种决策产生的社会文化影响。在此基础上以过程工业开发战略全过程涉及的流态动力，如物质流、能量流及信息流等的研究为方法论，以开发战略对区域可持续发展的贡献为目标，从战略高度研究过程工业开发战略的社会需求及影响问题，其中包括行业开发战略的安全问题。

明确过程工业开发战略环境评价的社会经济文化系统评价的任务，是识别和量化社会对过程工业开发战略全过程的投资需要以及这种决策产生的社会影响。在此基础上可构建社会经济文化系统影响评价分析矩阵和模型。分析矩阵包括两个层面，即社会经济文化系统效益矩阵与模型、过程工业行业资源开发安全战略分析矩阵及模型。

（1）社会经济文化系统效益矩阵与模型

过程工业开发战略全过程的投资是可以满足开发战略进程中各个方面效益需求的，但各种效益需求的强度又有所不同，这种效益需求又可以进一步区分为战略效益、政策效益、规划效益、计划效益、环境效益、社会效益、文化效益及项目效益等，影响效益强度的因素主要涉及显示性、紧迫性和吻合性等。其模型为

$$D = \sum_{i=1}^{n} \mathrm{d}i(x_i + y_i + z_i) \tag{5-6}$$

式中，D——社会经济文化系统总体效益程度；

$\mathrm{d}i$——子系统社会效益程度；

$x_i + y_i + z_i$——系统效益强度系数；

x_i——显示系数；

y_i——紧迫系数；

z_i——吻合系数。

其分析矩阵见表 5-3。

表 5-3 过程工业开发战略社会经济文化系统效益分析矩阵修正框架

效益分类	基本分	系统效益强度系数				效益分
		显示性	紧迫性	吻合性	合计	
战略效益						
政策效益						
规划效益						
计划效益						
环境效益						
社会效益						
文化效益						
项目效益						

（2）过程工业行业资源开发安全战略分析矩阵及模型

过程工业开发安全战略评价就是把开发战略所涉及的行业资源、经济、社会、文化、环境等作为一个系统来观察，分析影响行业开发战略资源安全的各个要素之间的相互作用过程及影响程度，进而理解各个要素对行业资源安全的影响过程、结果和调控方式，从而揭示行业开发战略的安全战略机理，其分析矩阵见表 5-4。

表 5-4 过程工业开发安全战略分析矩阵

	战略供应安全评价	应对市场金融化安全评价	产业安全评价	定性分析
国内因素				
国际因素				
定性判断汇总				

注：国内因素涉及行业经济运行制度安排、行业发展战略和政策、安全战略制度和组织措施等。国际因素涉及国际政治经济关系、经济全球化、经济一体化、国际环境等。

5.3.5 过程工业开发战略环境风险评价

5.3.5.1 过程工业开发战略中的技术演变问题

技术预测学的规律提示我们，几乎所有技术的演变都存在规律性。技术在不同时空尺度上都呈现出相似的逻辑发展模式。技术的演化发展可以通过趋势外推法进行预测分析。趋势外推法基于两种假设：其一，决定过去技术演化发展的因素，在很大程度上也将决定技术的未来发展。其二，技术演化发展过程一般属于渐进变化而不是跳跃式变化。趋势外推法中的指数曲线、生长曲线及包络曲线三者是具有内在联系的三类曲线，三者环环相扣，具有内在有机统一性。

5.3.5.2 技术演变所带来的战略环境风险问题

在过程工业开发战略进程中，技术演变的风险、费用和效益在不同部门、群体之间如何得到较好的合理分配，技术与过程工业开发战略、相关利益团体、公众及决策部门之间如何合作以及哪些机构对技术演变风险负有责任等问题，实际上提出了一个如何认识和应对过程工业开发战略环境风险的问题。

环境风险评价包括有毒有害物质造成的人体健康和生态风险评价，还包括从风险源（各种风险事故）到风险后果以至风险管理等整个环境风险系统的评价过程。传统环境风险评价方法一般包括危害识别、确定释放的剂量、估计释放的剂量造成负面影响的概率、确定暴露在风险中的人群数量及风险的特征等环节，该方法的最大缺陷是确定某一剂量造成的负面影响概率的定量分析使风险评价结果面临很大的不确定性。对于 PISEA 来说，在一定程度上，可以借用危机管理的范式展开探讨，但对于过程工业的环境风险问题，也可以采用工业生态学所特有的定性评价分析，即综合风险评价模型能较好地克服或避免传统环境风险定量评价的缺陷。工业生态学将风险评价方法分为三个环节：评价、沟通及管理（图 5-11）。

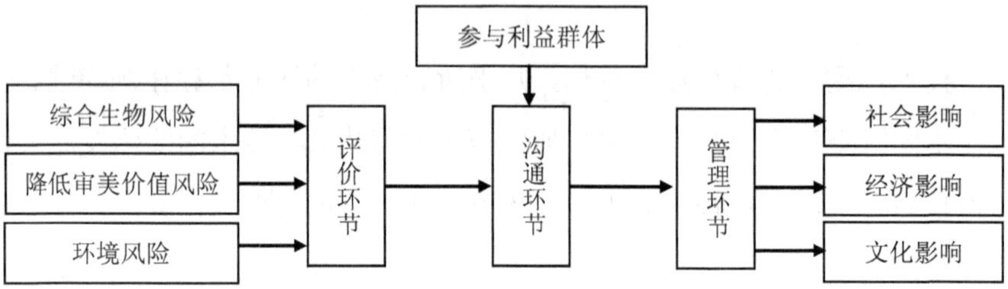

图 5-11 战略环境风险评价过程

（1）评价环节

主体为综合风险评价模型（CRA），其分为三个风险类别：第一类是综合生物风险，也就是对生物系统和人类造成的危害，即 $B = bNP(\mathrm{d}i)$，其中 B 是综合生物风险；N 是暴露个体的数目；$P(\mathrm{d}i)$ 表示第 i 个影响源释放剂量 d 造成负面影响的概率（下同）；b 是权重系数，由社会共识来确认。

第二类是降低审美价值的风险，即 $A = aNP(\mathrm{d}i)$，其中 A 是降低审美价值的风险；N 是审美价值下降影响的人数；a 是权重，意义与 b 相同，一般 $a<b$。

第三类是环境风险，用到过程工业开发战略环境评价中，即指对该系统造成的破坏风险，目前处于定性分析阶段（设定为 U）。

由此，工业生态学的综合风险评价模型为

$$\mathrm{CRA}=B+A+U \tag{5-7}$$

式中，B——综合生物风险；

A——降低审美价值的风险；

U——环境风险。

由模型可以看出，对于一个过程工业开发战略环境评价系统而言，其综合风险结果是对生态系统造成的危害、审美价值降低的风险以及系统环境风险三者之和。

（2）沟通环节

风险沟通的目的在于将风险评价的结果向感兴趣的机构和公众及部门公布。风险评价是一个科学地解释数据的客观过程。风险沟通过程的参与方包括风险的产生者或发现者（通常是企业）、专业分析人员、各种特殊利益团体和一般公众。尽管有关各方往往很难找到共同的立场，但是经验表明，尽可能早地吸引有关利益相关团体的参与，对该风险评价的合法性达成共识，以及尽可能多地考虑各方的目的和动机等成功的做法，往往可以使风险沟通比较准确，并减少一些冲突。

（3）管理环节

风险管理的作用在于衡量和分析已得到的风险评价及与其他人群、机构、公众的沟通过程所得到的结果是否合理，同时评价其决定的法规、政策是否可取，这个问题同样非常复杂。对此，从危机管理角度，一般从经济（E）、文化（C）、社会（S）等多方面考虑。从 PISEA 角度，经济、文化、社会等多方面的评估方式参见式（5-6）。

根据风险评价的三个环节，即评价、沟通和管理的分析，会得出一个过程工业战略环境风险评价的综合政策支持评估（CPSA）模型，即

$$\text{CPSA}=x\text{CRA}+yE+zC+uS \tag{5-8}$$

式中，S——社会效益；

C——文化效益；

E——经济效益；

x、y、z、u ——权重因子，具体数值来自社会共识。

当然，将上述工业生态学风险评价方法引入到PISEA中来，尚有许多困难需要克服，比如资源不足以开展详尽的调查分析、数据缺乏等，尽管如此，其益处在于在进行过程工业战略环境风险评价时可以将各种可能影响都考虑在内。

5.3.6 过程工业开发战略替代方案及决策支持评价技术

过程工业开发战略替代方案的制定可以使部门决策者从众多方案中选择资源消耗少、环境代价较小、社会经济文化等综合效益较高的方案，即取得可持续目标下的过程工业开发的最优模式。从理论层面上看，对于同一过程工业行业开发目标，不同行业开发战略替代方案的环境选择意味着带来不同的战略投入、战略强度，以及由此带来的不同程度的社会、经济、文化、生态、环境、风险等诸多维度的综合效应，因此采用综合的决策支持评价技术来解析各替代方案。

5.3.6.1 过程工业开发战略替代方案的制定

（1）替代方案的类型指向

替代方案是分层次的，不同层次之间是相互关联的。在某些地区替代方案是可行的，而在某些地区，某些特定的替代方案是不可行的。实际上，重要的替代方案是需要收集详细的区域信息资料的，通常来说，更具战略性的替代方案在国家和政策层面更适用，相反更加详细的替代方案在项目层面更适用。由此，过程工业战略替代方案主要类型包括两种：①替代方案是独立的，行业部门决策者需要从有限的替代方案中选择一种，即方案具有排他性，比如钢铁行业联合重组的PISEA分析；②替代方案是战略行为中独立元素混合搭配的结果，方案具有互补性，比如钢铁行业的异地搬迁重建PISEA分析。

（2）替代方案的转化过程

替代方案的转化过程涉及识别、范围界定及转化优化等环节。其中识别环节主要包括其目的及解决目的的路径，识别方法可以引入传统 EIA 及 SEA 识别方法，如头脑风暴法、地理信息系统、公众参与等。

范围界定是指并不是所有的替代方案都适用于战略行为目的，例如有些替代方案在技术上和经济上可行，但实际操作不可行。一般战略较高层面（政策）获取的决策替代方案能预先排除很多选择方案，而在较低层面（计划、项目）会较差一些。将替代方案选择转化为一个具体可操作方案是反复优化的过程（图 5-12）。

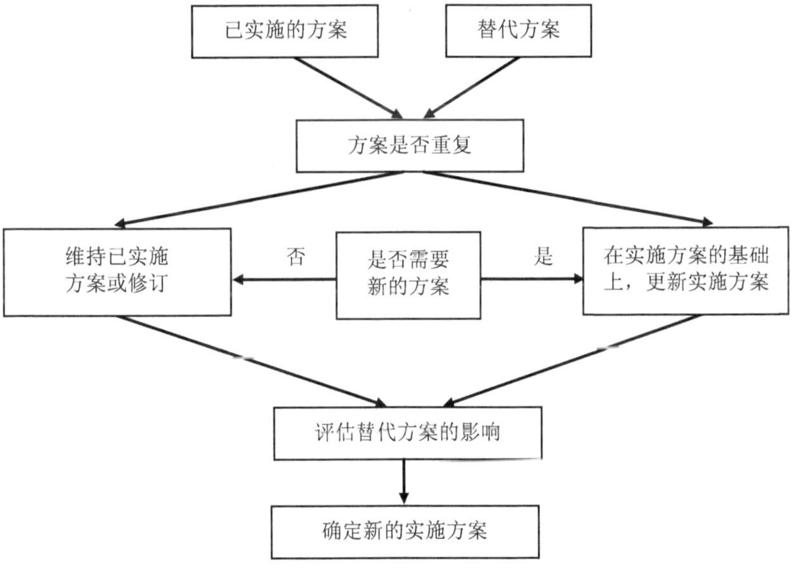

图 5-12　替代方案的转化过程

5.3.6.2　决策支持评价技术

PISEA 可以划分为方案输入和方案输出两个环节。本章 PISEA 关键技术的提炼是对过程工业开发战略输入与输出机制影响的系统分析，即将开发战略及其替代方案的影响分解为若干组分进行逐项评估，包括动力流影响、社会经济文化影响以及战略环境风险等方面的影响分析。输入环节与输出环节构成了一个反馈链，最终为行业决策提供科学依据。需要说明的是，PISEA 是辅助行业决策形成的工具，从宏观环境管理角度影响决策，但绝不等同于决策本身。不同战略替代方案各自存在不同的优缺点，应在权衡利弊的基础上进行环境选择指向。在过程工业战略及其替代方案的环境选择指向中，决策评价技术的选择最为关键，其中以数学评估模式（模糊数学及层次分析）分析和公众参与等最为实用。此外，其他决策评价技术方法有加权比较法、逼近理想状态排列法、密切值法、灰色关联法和博弈论方法等。

5.4 本章小结

在传统 EIA 路径及政策评估路径的基础上，本章建构了多元分析维度综合集成路径的 PISEA 方法学框架体系及技术架构。

（1）多元分析维度综合集成路径的 PISEA 方法论体系强调 PISEA 的决策一体化理念，其跨越传统战略环境评价单维程序化分析思路的框架，将评价过程与行业战略制定过程融为一体，适应了过程工业行业实践应用的特殊性。

（2）方法学框架指导下的技术架构包括现状、回顾及预测等循环反馈环节。其遵循了 PISEA 的基本原则；实现了过程工业开发生态化发展趋势的对接，体现了过程工业开发系统生态化的内在要求及调控机理。

（3）PISEA 关键技术提炼出的过程工业开发战略环境现状评价的三个衡量指标具有较强的实践可操作性；过程工业开发战略回顾评价将工业生

态学的评价模型进行修正，并整合到过程工业开发全过程累积环境效应分析中，表明了修正模型的现实可行性；过程工业开发战略的动力流环境影响评价汲取了决策一体化理念方法论的特点，对开辟多学科研究具有一定的借鉴性；社会经济文化系统影响评价中强化了文化层面的指标阐释，在环境影响评价日趋综合化的情境下，环境文化必须引起注意；过程工业开发战略环境风险评价的探讨为过程工业开发的风险危机管理提供了一个新的思路。此外，过程工业开发战略替代方案及决策支持评价技术强调借鉴多种方法的融合集成，适应了战略环境评价的未来发展趋势。

第 6 章　PISEA 应用初探——硼铁矿过程开发例析

硼铁矿过程开发具有冶金工业与化学工业双重行业交叉性，随着较大规模的资源开发，造成了很大的资源消耗，也带来了严重的环境污染问题。为此将 PISEA 概念及理论方法引入其中，一方面 PISEA 对硼铁矿开发过程具有较好的决策辅助、参考作用，另一方面硼铁矿开发过程的实践操作又可反过来验证 PISEA 理论方法体系的合理性。

6.1　PISEA 概念引入及评价范围设定

6.1.1　PISEA 概念引入

战略环境评价是对政策、规划或计划（PPPS）及其替代方案的环境影响进行规范的、系统的、综合的评价过程。过程工业项目建设通常要消耗大量资源和能源，对环境产生相当大的影响，因此，为了从根本上缓解过程工业所带来的环境影响，几十年前各国就开始将清洁生产机制引入过程工业中，但是清洁生产机制仅仅局限于过程工业的微观层次上，随着战略环境评价概念的提出，将战略环境评价应用到过程工业领域可以从源头上缓解过程工业给环境带来的影响，促进过程工业的可持续发展，从而提出了 PISEA 的概念。PISEA 就是战略环境评价原则在过程工业领域中的应用，对战略层面上的过程工业建设的相关政策、计划、规划进行环境影响评价，其结果与社会、经济分析结果一起作为过程工业发展战略决策的依据，从而促进过程工业领域的可持续发展。

6.1.2　PISEA 评价范围的设定

确定 PISEA 范围的目的是辨识对过程工业决策产生影响的关键环境要素，并指导如何评估这些要素。确定战略评价范围的过程要比确定一项工程评价的范围更复杂，因为一项战略包含多种行为，很可能在一个大区域内产生更大或更多的影响，并受更多政策法规的影响。尽管一项战略可能产生多种环境影响，但其中也只有一些影响是对决策至关重要的。不同尺度的战略（如国家性的和地方性的战略）将产生不同种类的影响。

过程工业对环境的影响通常有多个起源，具体侧重两个方面：一是过程工业全流程的物质流、能量流等引起环境问题；二是由于过程工业基础设施的建设和设备维护等引起环境问题。因此，在 PISEA 体系中也尤其注意以上两个引起环境污染的源头，以便更好地确定评价范围。另外，除这些由过程工业系统所引起的直接影响外，过程工业战略环境评价还应对累积环境影响以及二次开发（主要是项目等级上）的环境影响进行全面分析。

6.2　基本概念

辽东硼铁矿区已探明铁矿储量 2.8 亿 t，B_2O_3 储量 2 184 万 t，占全国总储量的 58%，是全国唯一特大型固体硼矿床，其中含有铁近亿吨，铀 1.3

万 t。从战略环境评价角度，硼铁矿过程开发应突破传统矿产资源利用模式，实现以硼为主，硼、铁等多资源综合协调利用的资源提取模式，这对在一定程度上应对资源过度消耗、环境污染等系列资源环境问题起到了一定的缓冲作用。利用绿色清洁生产技术为硼铁矿资源开发提供技术和相应的产业链，支持硼铁矿资源开发的绿色清洁生产过程。因此，需要建立硼铁矿资源开发过程工业生态系统的保证体系，以便预防和减小硼铁矿资源开发过程中的环境影响。硼铁矿过程开发属于过程工业（冶金过程）范畴，过程工业战略环境评价要求该过程工业具有低消耗、低成本、高收益等特点。要求从硼铁矿资源开发的规划决策过程、生产过程（开采、选矿提取、加工）、使用（消费）到废弃物处置等全过程实施绿色清洁生产，以此实现地方区域经济与硼铁矿行业的和谐发展。分析硼铁矿资源开发过程主要有开采、选矿提取及加工、消费及使用、废弃及回用等环节，这些环节并非一个“线性链”，而是由多重回路组成的复合的半开路系统。

6.2.1 硼铁矿过程开发的生命周期

在硼铁矿资源开发过程中，有物质流、能量流等“流”的输入和输出。在传统过程工业开发系统的基础上，充分考虑硼铁矿过程工业系统的输入和输出，进而评价环境与系统相互作用关系，就可以构建比较完善的硼铁矿过程开发的战略环境评价概念模型（图 6-1）。

（1）规划决策过程的清洁度

从规划决策源头就要注意防范资源消耗及环境污染情况，从整体视野上，立足过程工业生命周期全过程来把握冶金过程工业是否“清洁”的问题，即所谓的清洁度。

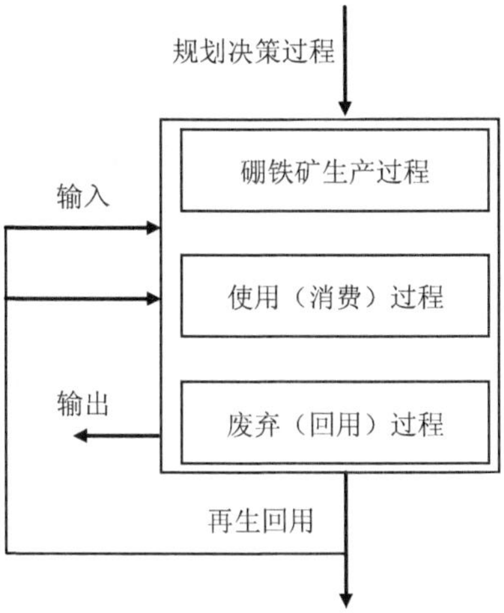

图6-1 硼铁矿过程开发的SEA概念模型

（2）生产过程的清洁度

从输入端要严格控制污染性原料的进入，对能量消耗更是如此，从资源化利用及环境管理角度严格把关原料、能量、过程工艺及设备，乃至以整个工厂为核心的生态工业系统，都要注意从生命周期系统性地分析研究，将清洁生产与环境评价引入，并能够使二者有机结合起来。

（3）使用（消费）过程的清洁度

该环节所涉及的范围很广，而且在整个环节伴随着大量资源、能量输入以及废弃物产生等，如何完善使用（消费）环节并使其最优化成为问题关键。

（4）废弃处置过程的清洁度

废弃处置包括两项内容：①大部分金属可以再生循环利用；②大部分非金属是资源化综合利用，不能循环使用（在现有条件制约下）。

系统的发展过程是一个动态的物质、能量流动过程。系统通过物质、能量的耗散与影响系统的若干要素或条件机制来形成和维持与平衡结构完全不同的时空有序结构。这就是硼铁矿过程开发 SEA 的评价对象。依据 PISEA 决策一体化理念的方法学框架，冶金过程工业战略环境评价的分析可以构建在冶金过程工业开发全流程主线基础上，从决策源头入手，分析评价战略—政策—规划—计划—项目全过程。全过程囊括两个层面（图 6-2）：①横向生命周期全过程，即采矿—选矿—加工—消费—废弃—回用等环节。②纵向生命周期全过程，即战略规划、技术研发、生产工艺改造革新等环节。

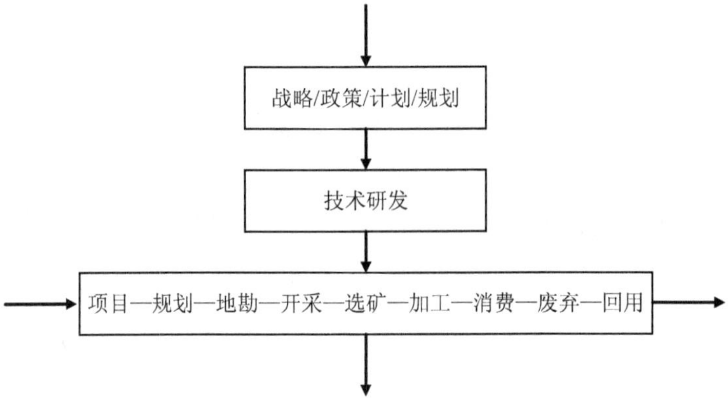

图 6-2　PISEA 全过程的两个层面

6.2.2　硼铁矿过程开发的生态工业系统体系

以硼铁矿资源开发全流程为主线的线性链条与其环境构成一个网络状生态工业系统。冶金过程工业战略环境评价应以整个生态工业系统范畴为基本评价对象，评价对象包括许多环节，例如循环体系、产业链条体系以及在上述基础上衍生的工业生态园架构等。而其更应体现“减量化、再利用、资源化”原则，事实上，这个原则是循环经济最基本的原则，即冶金过程工业战略环境评价要引入循环经济理念。

6.3　硼铁矿过程工业 SEA 评价指标

6.3.1　确立评价指标

依据硼铁矿过程开发战略环境评价的概念模型，识别过程工业生命周期的环境影响机理，筛选出具有典型代表性的评价指标进行环境影响分析。本章结合硼铁矿资源化利用与环境管理现实情况，将东北大学首创的火法分离技术路线作为过程框架的主体评价对象。硼铁矿火法分离技术体现了以硼为主，铁、镁元素综合开发和利用程度高等清洁工艺特点。主要工艺流程是：将硼铁矿采用磁选—分级流程选矿，选出含硼铁精矿和硼精矿；硼铁精矿经过炼铁高炉二次铁硼分离，得到含硼生铁和富硼渣，硼精矿经过焙烧后生产硼砂或硼酸；再对富硼渣通过碳碱法等综合利用方法制取合格硼砂等产品。具体涉及的有规划层面、资源层面、环境层面、能源层面、社会层面、经济层面、产业层面等指标（表 6-1）。

表 6-1　硼铁矿过程工业 SEA 指标体系

目标层	准则层框架 D_i	粗略指标框架 D_{ij}
硼铁矿过程工业 SEA 指标	规划层面指标 D_1	法律法规指标 D_{11}；监督相关指标 D_{12}；伦理指标 D_{13}
	资源层面指标 D_2	资源禀赋指标 D_{21}；开采指标 D_{22}；选冶加工指标 D_{23}
	环境层面指标 D_3	大气污染指标 D_{31}；固体废物污染指标 D_{32}；水体指标 D_{33}；噪声污染指标 D_{34}；土壤污染指标 D_{35}
	能源层面指标 D_4	能源利用指标 D_{41}；能源循环回收指标 D_{42}；清洁能源利用指标 D_{43}
	社会层面指标 D_5	人群生活质量水平指标 D_{51}；基础设施相关指标 D_{52}；社会服务系统相关指标 D_{53}
	经济层面指标 D_6	资源费用指标 D_{61}；环境费用指标 D_{62}；能源费用指标 D_{63}；社会费用指标 D_{64}
	产业层面指标 D_7	产学研协调度指标 D_{71}；科技成果转化指标 D_{72}；产业公司的配套指标 D_{73}

6.3.2 AHP方法确定各层次指标的权值

AHP方法是美国运筹学家T. L. Saaty教授于20世纪70年代初期提出的决策方法，虽然数据有限，但对环境决策的战略环境评价分析具有针对性及有效性。其基本计算程序为：

①评价目标确立后，构建一个多层次结构框架；

②比较相对重要性，进行标度，即构造成对比较矩阵D；

③计算各指标的权值；

④一致性检验，AHP方法的关键就是一致性检验。

$$CI = \frac{\lambda_{\max} - n}{n-1} \tag{6-1}$$

式中，CI——一致性检验指标；

n——正方形矩阵的阶数大小；

$\lambda_{\max}$——判断矩阵最大特征根。

从有关资料（表6-2）查出检验成对比较矩阵D一致性的标准RI：RI称为平均随机一致性指标，它只与矩阵阶数n有关。按式（6-2）计算成对比矩阵的随机一致性比率CR：

$$CR = \frac{CI}{RI} \tag{6-2}$$

式中，CR——成对比矩阵随机一致性比率；

CI——一致性检验指标；

RI——平均随机一致性指标。

表 6-2 *RI* 值

n	1	2	3	4	5	6	7	8	9	…
RI	0	0	0.58	0.90	1.12	1.24	1.32	1.41	1.45	…

当 $CR<0.1$ 时，判定成对比较矩阵 D 具有满意的一致性，否则就调整成对比较矩阵 D，直到达到满意的一致性为止。根据 AHP 方法，征询经验和知识丰富、判断力强的硼铁矿行业及环保领域专家，计算各级指标的相对权重，并验证各指标一致性检验是否在允许误差内，汇总出各指标综合权重见表 6-3。

表 6-3 硼铁矿过程工业 SEA 指标体系综合权重

准则层面			D_1	D_2	D_3	D_4	D_5	D_6	D_7	权值
			0.346	0.071	0.061	0.059	0.100	0.181	0.181	w'
规划层面	D_{11}	0.517								0.178 9
	D_{12}	0.359	$D_{1j}*D_1$							0.124 2
	D_{13}	0.124								0.042 9
资源层面	D_{21}	0.517								0.036 7
	D_{22}	0.359		$D_{2j}*D_2$						0.025 5
	D_{23}	0.124								0.008 8
环境层面	D_{31}	0.058								0.003 5
	D_{32}	0.316								0.019 3
	D_{33}	0.316			$D_{3j}*D_3$					0.019 3
	D_{34}	0.117								0.001 2
	D_{35}	0.193								0.011 8
能源准则层面	D_{41}	0.517								0.030 5
	D_{42}	0.359				$D_{4j}*D_4$				0.021 2
	D_{43}	0.124								0.007 3

准则层面			D_1	D_2	D_3	D_4	D_5	D_6	D_7	权值
			0.346	0.071	0.061	0.059	0.100	0.181	0.181	w'
社会层面	D_{51}	0.643								0.064 3
	D_{52}	0.122					$D_{5j}*D_5$			0.012 2
	D_{53}	0.230								0.023 0
经济层面	D_{61}	0.178								0.032 2
	D_{62}	0.465						$D_{6j}*D_6$		0.084 2
	D_{63}	0.111								0.020 1
	D_{64}	0.246								0.044 5
产业准则层面	D_{71}	0.540								0.097 7
	D_{72}	0.297							$D_{7j}*D_7$	0.053 7
	D_{73}	0.163								0.029 5

注：*表示两者相乘。

6.4 评价结果及减缓措施分析

由上述计算结果，得出图 6-3 和图 6-4，由两图可知，在硼铁矿过程开发整个生命周期中，权值不等，两图权值曲线都呈“U”状，从而造成硼铁矿过程开发中的资源消耗、环境污染识别不同。在评价体系的准则层面，规划指标权值最高（0.346），能源指标最低（0.059），经济、产业指标持平（0.181、0.181），社会指标稍低（0.100），而评价最为关注的资源指标权值、环境指标权值属于整个准则层曲线的“峡谷点”（0.071、0.061）。

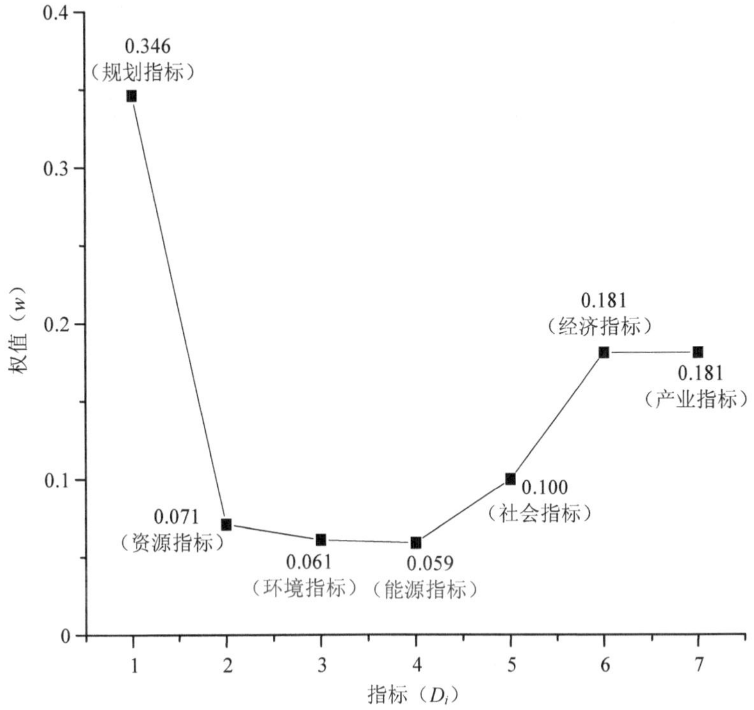

图 6-3 准则层框架指标（D_i，i=1，2，…，7）—权值（w）曲线

对应于准则层的粗略指标框架层，权值分布如图 6-4 所示，从图中可以看出，整体权值分布与图 6-3 曲线大体一致。但具体到每个指标又有许多“小峰点”。对应图 6-3 曲线，隶属规划层面的几个指标，即 D11、D12、D13 依次下滑（0.1789、0.1242、0.0429），隶属资源、环境、能源层面的指标的曲线点起伏不等（0.0367、0.0255、0.0088、0.0035、0.0193、0.0193、0.0071、0.0118、0.0305、0.0212、0.0073），隶属社会、经济及产业层面的指标较前述指标上升到更高起伏基点，但在这个新的基点上仍然是起伏不等（0.0643、0.0122、0.0230、0.0322、0.0842、0.0201、0.0445、0.0977、0.0538、0.0295）。从图 6-3 和图 6-4 两曲线分布点可以看出，评价指标分

为三个等级，包括规划层面，资源、环境、能源层面和社会、经济、产业层面。依据各个准则层指标权重占各个准则层指标权重加权分值之比，分别得出所占比例分别为 34.63%、10.01%、18.12%、18.12%、7.10%、6.11%、5.91%。

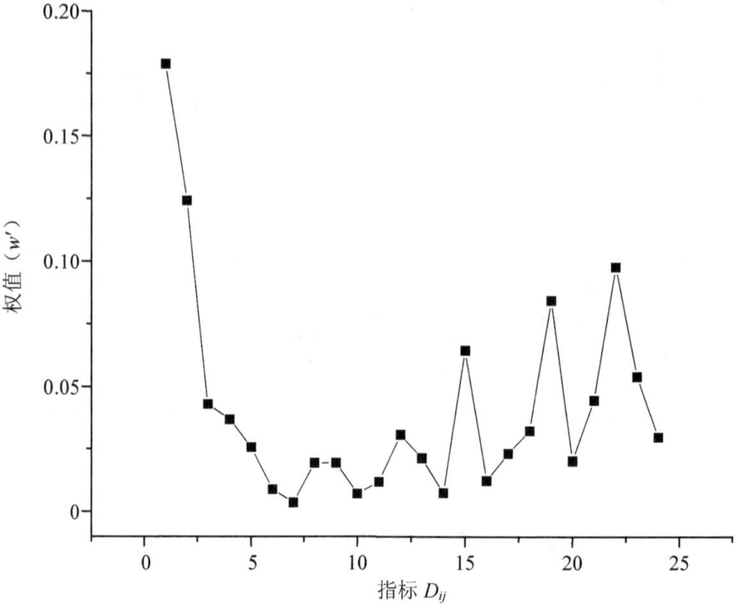

图 6-4　粗略指标框指标（D_{ij}，i=1，2，…，7，j=1，2，…，5）—权值（w'）曲线

从硼铁矿过程开发战略环境评价指标中可以发现，基于环境与发展决策源头的战略规划环节所隶属的指标是最关键的。立足硼铁矿火法分离技术进行创新，东北大学与凤城钢铁有限公司等单位合作，对凤城翁泉沟硼铁矿的综合利用开展了研究工作，并取得了一系列科研成果，其中“高炉法综合开发硼铁矿及富硼渣技术研究”获国家技术发明三等奖（1998 年），“硼铁矿高炉分离生产含硼生铁及富硼渣技术研究”获辽宁省政府科学技术进步一等奖（1997 年），“硼铁矿火法分离与提取的理论及工艺研究”获

中华人民共和国冶金工业部科学技术进步二等奖（1997 年）。战略环境评价应借助一系列的技术创新成果，完善硼铁矿过程开发规划层面的环境影响评价，正是在这个意义上，该层面的指标所占权值比例非常高（0.346）。

硼铁矿具有多种矿石类型，各成分占比为：TFe（全铁）30.65%，B_2O_3（氧化硼）7.23%，MgO（氧化镁）24%，CaO（氧化钙）0.5%，U（铀）0.004 8%，且多为低品位。硼铁矿属于接触变质矿床，磁铁矿、纤维状硼镁石主要由硼镁铁矿分解而来。因此除少量原生磁铁矿、板柱状硼镁石粒度较粗外，绝大部分磁铁矿、纤维状硼镁石浸染粒度微细。其间共生关系密切，从而造成前期选矿提取困难，自然会使战略环境评价中的资源、环境及能源层面的指标占有一定权值分配，这就为从资源环境及能源角度解析硼铁矿过程开发提供了较好的参考信息，即在原有火法分离技术一系列成果的基础上，积极拓展应用基础研究，采用生命周期过程的集成一体化技术路线来完善硼铁矿过程开发 SEA 的横向全过程。

硼铁矿开发的目的在于实现区域经济与行业环保和谐发展，手段在于进行技术开发的产业化，由此来说，社会、经济及产业层面隶属指标占有稍高于资源环境及能源层面的指标（0.181、0.181、0.100）。火法分离技术得到富硼渣和含硼生铁两种产品，原料中 85%～90%的 B_2O_3 进入富硼渣中，10%～15%的 B_2O_3 进入含硼生铁中，两种产品 B_2O_3 回收率达 100%。高炉分离硼不受损失。这体现了以硼为主，综合利用其他资源的战略方针。分离出的产品，前者可用于制取硼砂、硼酸及其他含硼材料，后者所生产的含硼生铁项目 1998 年被列入“九五”科技部国家科技成果重点推广项目，另外，硼泥也得到了较好的资源化利用。

6.5 本章小结

（1）将 PISEA 思想方法引入硼铁矿过程工业全过程中，提出了硼铁矿过程开发的生命周期及相应生态工业系统（体系）的概念框架，从而体现了多元分析维度综合集成路径的 PISEA 方法论理念。

（2）构建了硼铁矿过程工业 SEA 评价指标，应用 PISEA 的决策评价技术之一，即 AHP 方法确定了各层次指标的权值。结果表明，在实现区域经济与行业环保的发展进程中，社会、经济、产业层面指标稍高于资源、环境、能源层面指标，由此必须对资源、环境、能源层面相关指标要素加以重视。

（3）硼铁矿过程开发实现了冶金、化工等过程工业及环保、能源等多个学科的整合，实现了短流程生命周期集成一体化全过程路径，是过程工业领域内生态环境技术的突破，从这个意义上说，拓宽环境影响评价的研究对象，即从资源—环境—经济—社会一体化的大系统出发，引入工业生态学的过程工业环境管理全过程控制分析思路，从源头和全过程视角优化过程工业的清洁开发。对硼铁矿过程开发源头开展 SEA，可以前瞻性地考虑在硼铁矿过程开发整个生命周期中可能存在的环境影响，并提出相应的资源化利用及环境管理管制的措施，无疑对 PISEA 的理论构建及实践探索具有较强的现实意义。

第 7 章　PISEA 在硼行业工业生态园中的应用探讨

本章属于模拟硼行业工业生态园案例性研究，带有一定程度的探索性。首先分析了 PISEA 与工业生态园规划之间的关系；在这个基础上，依据 PISEA 中所强调的生态化设计思想理念，提出硼行业工业生态园规划框架思路，在这个框架基础上进行 PISEA 的试探性研究，进而更好地规划、指导、促成硼行业工业生态园早日建设及完善。

7.1　PISEA 与工业生态园规划之间的关系

PISEA 是对过程工业行业发展中各种战略规划实施后带来的环境影响进行的事前评价，是一种预防工具，其评价理论基础是战略规划是否符合过程工业开发可持续发展要求。从这个意义上讲，PISEA 是联结宏观的、抽象的可持续发展目标与具体的、可操作的战略规划之间的桥梁。它的基本定位是衡量战略规划是否能较好地符合、适应可持续发展，目标在于促进它们实现生态化。

对于工业生态园（Eco-Industrial Park，EIP），传统的研究内容主要侧重于工业共生的规划建构。然而，从过程工业开发生态系统的特点、发展趋势和 EIP 所应解决的问题等方面来理解，未来 EIP 应以工业生态学、可持续发展理论、技术创新与管理理论为指导，在突出技术创新与管理层面加大力度，改善 EIP 内部各种要素在结构、功能和时序上的关系，使 EIP 所强调的产业共生与技术创新体系融合紧密而不脱节。因此，EIP 的基本定位是如何体现和实施行业、区域的可持续发展。在上述的定位要求下，PISEA 既是 EIP 规划建设中的一个有机组成部分，更是衡量过程工业行业、区域战略发展是否符合可持续发展的一个标尺或工具。其衡量基本依据就是各种过程工业开发战略规划是否符合 EIP 对它们提出的原则和要求。因此，从评价技术、方法以及管理模式上，可以使 PISEA 理论方法体系更好地融入 EIP 的战略规划中，提高决策的有效性。另外，EIP 不是传统的产业共生模式的延伸或翻版，而是为行业、区域开发的可持续发展提供战略性、方向性的试点和目标，从而也为 PISEA 理论体系更加完善提供前期的基础依据。有了这个基础，EIP 规划建设行业就不会在 EIP 建设运行中无所适从，PISEA 评价机构、管理部门也不会由于缺少可操作性的思路而导致战略规划的实施出现“真空”问题。EIP 和 PISEA 之间的关系如图 7-1 所示。

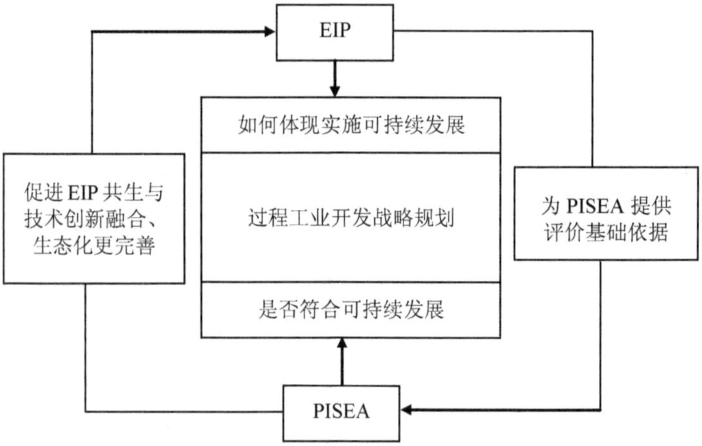

图 7-1 EIP 与 PISEA 的关系

7.2　硼行业工业生态园规划框架思路

7.2.1　PISEA 强调硼行业工业生态园的生态化设计过程

生态化的本质是一种旨在催熟工业体系演进的战略，通常被称作“生态结构重组”或“生态的结构重组”。在硼行业构建工业生态园是实现硼行业“生态结构重组”和区域经济环境共同发展的较理想运作途径，但行业工业生态园建设规划设计普遍存在环保与经济发展脱离的现象。原因在于：①片面重视所谓的行业工业生态园的整体运作通畅，结果造成代价太大而难以运行；②工业生态园设计缺乏整体规划，没有建立起园区共生产业链，结果使园区运行在环境管理层面效率低。将 PISEA 应用于硼行业工业生态园，可以借助于 PISEA 相关方法，预防、削减、控制污染物的产生和排放，从而推动硼行业生态工业园合理规划设计进程，这是目前 PISEA 在工业园区研究中应该关注的一个发展趋势。

7.2.2　硼行业工业生态园区生态化设计的原则

根据 PISEA 的基本原则，对工业园区各规划方案进行环境影响分析比较和综合论证，是工业园区环境影响评价重点之一。开展硼行业工业生态园区环境影响评价时，对园区工业生态系统进行结构设计与分析，应该以工业生态学理论为设计依据，针对硼行业工业生态园区各类开发方案，从分析、设计园区工业生态系统结构入手，使工业园区内（甚至区外）的各类企业构成生态工业链，实现工业效率最大化和环境影响最小化的目标。工业园区环境影响评价中的生态化设计要把握以下原则：

（1）体现地域性。要根据当地实际的自然和技术条件将周边区域的企业纳入整体生态工业大循环中。

（2）体现循环性。强调内部循环，争取形成“闭环”，目的在于优化物质、能量、信息和管理流。

（3）体现链接性。要考虑到园区成员间在物质和能量的利用上应该有一定的关联度，从而实现生态效率最大化。

（4）体现多样性。园区工业经济的多样性必须在满足环境、社会、经济等多重目标要求的基础上确保工业生态系统的平衡与稳定。

7.2.3 硼铁矿过程工业生态园规划框架思路

根据 PISEA 理论方法体系勾勒硼铁矿开发过程的硼铁矿工业生态园的粗略规划框架。

7.2.3.1 火法分离过程为技术主体路径衍生两个全过程

依据硼铁矿火法分离工艺主体思路（具体见第 6 章相应内容），引入 PISEA 中决策一体化思想，拓展火法分离过程技术路径，可以衍生一个横向单一项目全过程与纵向从决策规划到项目层面全过程（图 7-2），而且两个全过程重叠交叉在火法分离过程环节。

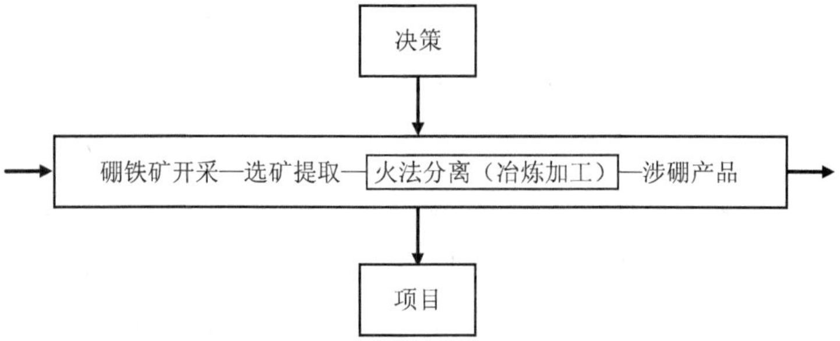

图 7-2　技术主体路径衍生的两个全过程

7.2.3.2　硼铁矿过程工业生态园粗略框架

以东北大学火法分离过程技术路径交叉全过程为主线，融合硼砂、硼酸制取多种技术路线为架构，结合已有冶金化工等过程工业产业链设计思想，初步构建硼铁矿过程工业生态园粗略框架（图 7-3），其产业链条包括：

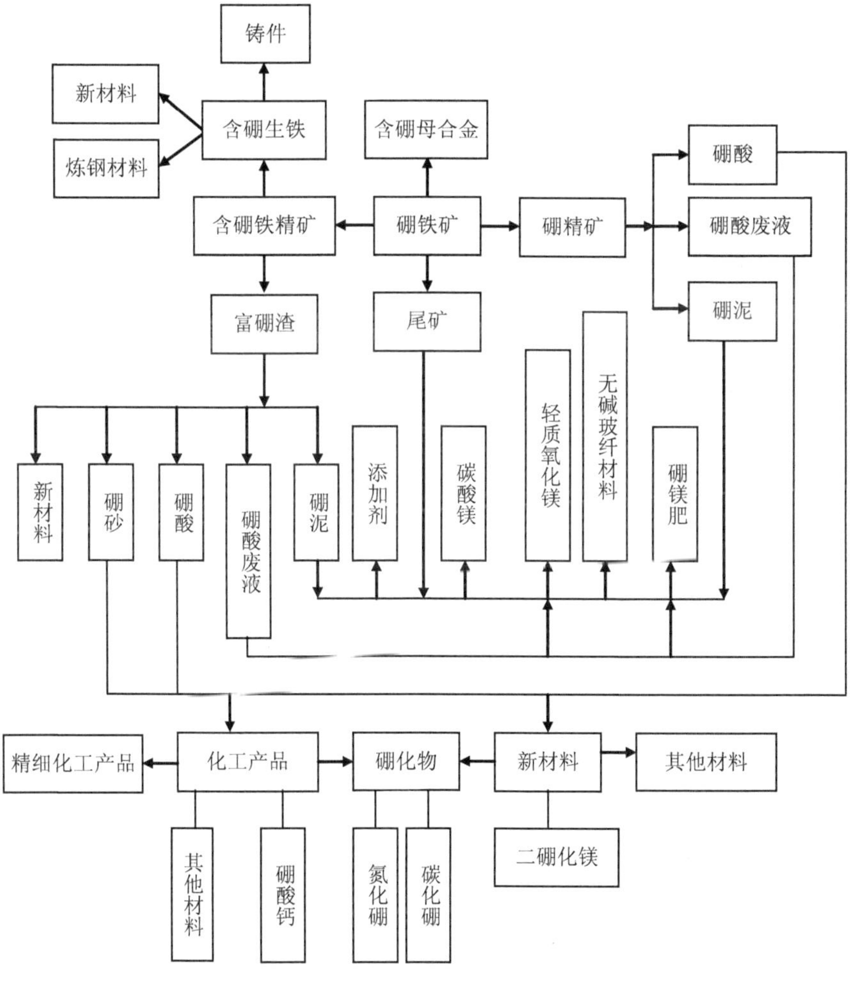

图 7-3　硼铁矿过程工业生态园粗略框架

（1）以含硼铁精矿为产业链延伸领域。主要抓住含硼铁精矿的两条分支产业链，即大力研发含硼生铁专利技术硼铸铁、硼钢等系列材料的需求，强化这一产业链，使这一产业链的产品向技术含量高、附加值高的产品转化；大力研发以富硼渣为产业链原料的附加值高的产品，如依据富硼渣与我国攀西含钛炉渣成分相似性的特点，研发类似的新材料，并从发展循环经济评价角度，考虑将相应的新材料进行产业化。

（2）以硼精矿为产业链延伸领域。主要是传统硼砂、硼酸化工产业链条的延伸。

（3）以含硼废弃物如硼泥等资源综合利用为产业链延伸领域。使含硼废弃物得到循环利用，也符合硼铁矿资源发展循环经济的出发点。

以上3个产业链依据PISEA理论方法体系中所强调的环境影响设计思想理念，从系统科学角度构建行业工业生态系统。另外，硼铁矿火法分离工艺及生态产业链系统有些环节尚存欠缺，需要进一步改善：

（1）提高硼资源综合利用率的关键技术需要进一步研发。比如高镁低硅硼镁石矿资源硼镁分离技术开发、低品位硼镁石矿（B_2O_3＜4%）的高效选矿技术开发等。

（2）高性能、高附加值硼化物及含硼材料制备工艺在如何降低成本上有待走向成熟。

（3）硼资源开发评价体系的研究在循环经济政策下，需要进一步探讨，比如硼矿山生态修复及治理技术的开发等。

7.3 硼铁矿过程工业生态园累积环境效应评价

硼铁矿过程工业生态园累积环境效应评价主要是应用 PISEA 的关键性技术之一，即 AT&T 矩阵系统评价方法对硼铁矿过程工业生态园规划框架中的几条“产业共生”技术路线进行全生命周期的资源消耗及环境影响评价、分析。

7.3.1　硼铁矿火法分离过程累积环境效应评价分析

我国东北地区的硼铁矿储量巨大，其中以翁泉沟地区含铀硼铁矿储量最大，约 2.8 亿 t。硼铁矿是典型的复合矿。实践证明硼铁矿既不宜作为铁矿石用传统的冶金方法来冶炼生铁，也不宜作为一般的硼矿用传统的化工方法来提取硼。

20 世纪 80 年代，东北大学提出了火法分离过程的资源化利用硼铁矿的新工艺。火法分离过程涉及了选矿、造块、焙烧、铁硼分离、富硼渣中硼、铀的提取及防护、含硼生铁的应用等多个流程。硼铁矿火法分离过程的重点在于从环境工程中吸收清洁生产的思想，实现资源化利用与环境保护的双赢。将 PISEA 理论中的生命周期累积环境效应评价方法，即 AT&T 矩阵系统评价方法引入硼铁矿火法分离过程工业中来，分析全过程的资源环境影响，从而为区域经济与行业环保和谐发展提供决策信息支持，同时也为硼铁矿整体化、过程资源化利用与环境管理提供一个方向性参考。

7.3.1.1　分离过程的环境影响识别

硼铁矿火法分离过程的上游及下游技术链条所显示的资源环境状况特征见表 7-1。

表 7-1 硼铁矿火法分离过程的环境影响识别

特性	资源化表征	特性	资源化表征
产品：硼			
材料		工艺设备	
材料成分/种类		高炉	主体设备
硼精矿	选矿提取组分	辅助工艺	
含硼生铁	分离产物之一	清洁生产	短流程一体化
富硼渣（硼酸、硼砂）	分离产物之一	工厂：硼材料生产	
硼泥	污染严重	厂址	生态复垦地带
工艺：硼铁矿火法分离		土地	自然区域
资源消耗	大量的	资源化利用	产业共生模式
能量消耗	大量的	可回收性	关键性技术欠完善
采选预处理	提取硼精矿组分	关闭	改造利用

7.3.1.2 累积环境效应评价表格

从资源环境影响角度出发，从 AT&T 矩阵系统对应的评价对象中提取 PLCA、TLCA、FLCA（具体含义见 5.3.2 节）三个维度对硼铁矿火法分离过程进行分析。

（1）硼铁矿火法分离过程 PLCA

根据每一生命周期阶段在材料选择、能量消耗、固体废弃物、液体废弃物和气体废弃物方面的环境影响，对硼铁矿资源化利用的涉硼材料进行评价（表 7-2）。

表 7-2 分离过程 PLCA 评价

PLCA 矩阵		各个阶段环境影响因子					得分
		材料选择	能量消耗	固体废弃物	液体废弃物	气体废弃物	
生产阶段	硼铁开采	1.5	0	1	0	0	2.5/20
	硼矿加工	1.5	1	2	3	3	10.5/20
	过程产品	1	2	3	4	2	12/20
	产品使用	3	2	2	3	4	14/20
	硼泥处置	0	1	2	3	2	8/20
得分		7/20	6/20	10/20	13/20	11/20	47/100

（2）硼铁矿火法分离过程 TLCA

对硼铁矿火法分离技术路线为主的工艺进行生命周期评价，观察硼矿供应、工艺设备、主要生产工艺、辅助生产工艺和生产设备的再生、处置等环节（表 7-3）。

表 7-3 分离过程 TLCA 评价

TLCA 矩阵		各个阶段环境影响因子					得分
		材料选择	能量消耗	固体废弃物	液体废弃物	气体废弃物	
生产阶段	硼矿供应	2.5	0	2	0	0	4.5/20
	工艺设备	2	1.5	2	3	2	10.5/20
	主要工艺	0	2	2	4	2	10/20
	辅助工艺	2.5	2	4	4	4	16.5/20
	再生处置	1	1.5	2	2	4	10.5/20
得分		8/20	7/20	12/20	12/20	12/20	52/100

（3）硼铁矿火法分离过程 FLCA

生产车间的评价即为工厂生命周期评价，其涉及相关工厂的整体设计、运营和关闭。在对硼材料生产工厂进行评价时，要注意材料选择对周围生态的影响、能量消耗等因素（表 7-4）。

表 7-4 分离过程 FLCA 评价

FLCA 矩阵		各个阶段环境影响因子					得分
		材料选择	能量消耗	固体废弃物	液体废弃物	气体废弃物	
生产阶段	厂房地理	2	2.5	2.5	2.5	3	12.5/20
	材料产品	1.5	1.5	2	3	2	10/20
	工艺活动	2.5	2	2	2.5	2	11/20
	工厂操作	1	1	0	3.5	2.5	13.5/20
	转让关闭	1	1.5	2	2	4	8/20
得分		9.5/20	10/20	9.5/20	14/20	12/20	55/100

7.3.1.3 分析及改进建议

（1）如表 7-2 所示，硼铁矿火法分离过程 PLCA 在其中间环节，对资源环境影响较小，如硼矿加工环节达到 10.5/20，过程产品环节达到 12/20，产品使用环节达到 14/20；相比之下，硼铁开采阶段以及硼泥处置阶段，资源消耗量大，环境影响严重，分别达到了 2.5/20 和 8/20。造成生命周期阶段反差巨大的原因主要是硼铁矿资源开发中间环节使用了硼铁矿火法分离工艺，该法属于清洁生产工艺，其突破以往传统硼铁矿资源利用的模式，是资源化短流程利用的实际应用。而硼铁开采阶段仍然基于传统采选方法，在硼泥处置阶段会造成大量废弃，而短期内尚难研发关键性硼泥产业化技术。

（2）硼铁矿火法分离过程 TLCA（表 7-3）表明，火法分离为技术路线的资源环境负荷得分平均在 2.5 左右。硼矿供应阶段与再生处置阶段稍低一些，而中间环节，包括工艺设备、主要工艺、辅助工艺阶段分数较高，这个和硼材料产品生命周期评价得分分布规律一致，也进一步验证了工艺评价是建立在原材料特性之上的。硼矿供应得分非常低，为 4.5/20，造成异常低下的原因是我国硼矿资源消耗量大，但资源存储量有限，开采技术落后，为此积极研发涉硼关键性技术，开发硼铁资源是当下所需。而再生处置环节分数抬升至 10.5/20，主要是近年来硼铁矿后续资源化利用积极采用以硼为主、多种元素综合利用的思路，避免了大量硼渣、镁、铁等元素的流失。

（3）硼铁矿火法分离过程 FLCA（表 7-4）表明，工厂的资源环境影响一般。从总体得分情况看，PLCA 为 47/100，TLCA 为 52/100，FLCA 为 55/100，说明 FLCA 资源环境负荷整体要好于前两者。从整个生命周期看，除了转让关闭阶段分数为 8/20 偏低外，其他生命周期阶段分数属于中上等水准，这表明，前期阶段工厂整体资源化利用有着非常好的趋势，但关闭阶段的环境影响很大，造成这个阶段环境低下的原因主要是相关企业缺乏如 Korhonen 所说的物质循环、多样性、因地制宜和渐进演化的工业生态特征及功能。从这点来说，必须引起相关企业及决策部门的重视。

综上所述，FLCA、TLCA、FLCA 各个环境影响因子（生产阶段）产生的影响分值中，如果将材料选择、能量消耗、固体废物、液体废弃物、气体废弃物（以下分别简称材料、能耗、固废、液废、气废）5 项（各个阶段环境影响因子）作为横坐标，分别以 1 单位为间隔，纵坐标为各个 LCA 的横坐标对应的分项分值（环境效应），由图 7-4 和图 7-5 可以明显看出，三者 LCA 的资源环境影响的不同。从图 7-4 来看，FLCA 曲线平均较高，其次是 TLCA，PLCA 最低。这说明，从整体工厂优化硼铁矿火法分离过程可以使其对资源环境影响得到减缓，单一开发硼铁矿资源造成的资源消耗及环境污染是最严重的，而工艺过程起初介于二者之间，后来趋于平缓。三者的对比图表明，构建基于硼铁矿火法分离过程开发的产业共生的生态园对于减轻区域资源消耗、降低环境压力具有较强的实际意义。从图 7-5 来看，FLCA 起初曲线最高，随后平缓至较低，这表明起初工业生态园构建的目的明确，积极性也高，但后来诸多因素影响造成工业生态园的建设进程从整体上进入困境，如决策者在如何平衡经济与环境矛盾过程中出现决策选择问题，从而出现曲线下移的局面。而作为TLCA，其研究对象在工艺设备等微观（具体）物质上，所以一直在探索节能环保的措施，从而使局面一直保持良好。PLCA的曲线起初与图7-4中的PLCA一致，后来与其没有异同。

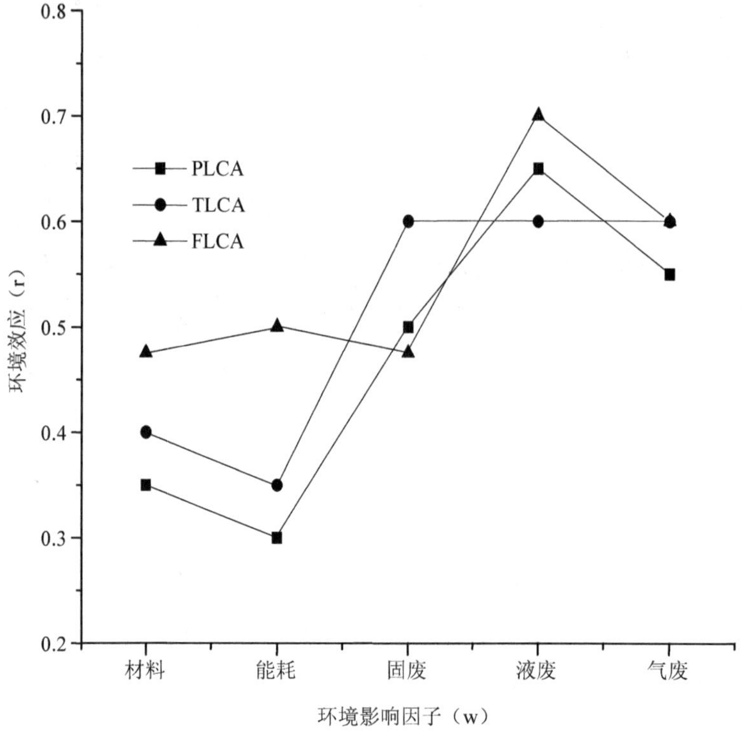

图7-4 环境影响因子—环境效应曲线

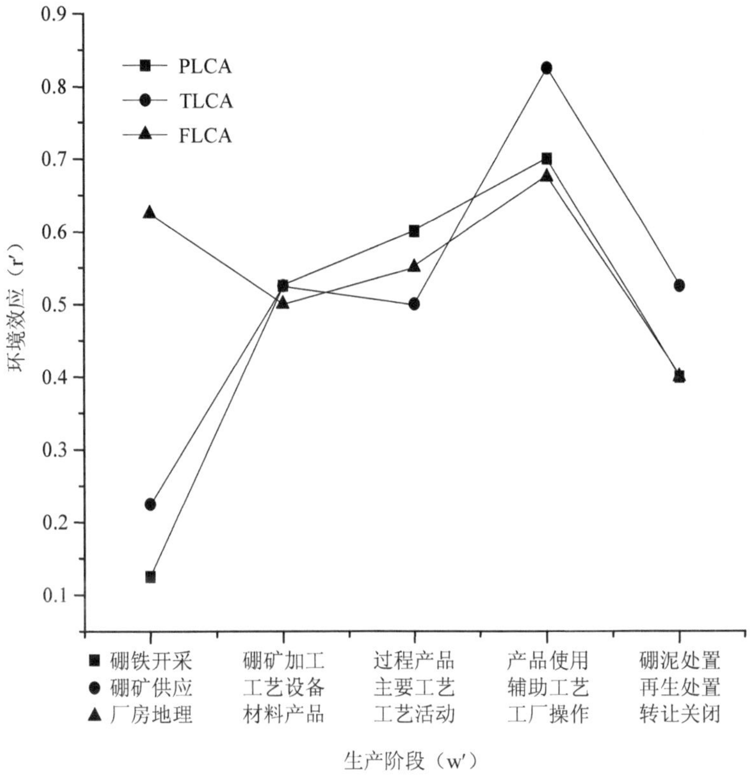

图7-5 生产阶段—环境效应曲线

7.3.2 硼铁矿分离过程（火法FS与湿法WS）累积环境效应评价对比研究

7.3.2.1 火法分离过程与湿法分离过程的环境影响特性对比

湿法分离过程（Wet Separation，WS）（图7-6），即先浸取提硼，残渣再送去炼铁。湿法工艺的研制单位有郑州矿产综合利用研究所、辽宁省地质研究中心及大连理工大学。该法分为两类：盐酸分解萃取法和硫酸分解盐析法，其分离过程基本一致，即大多采用盐酸（硫酸）分解得到酸产品及副产品镁盐系列或进行深加工，在酸解过程中加入一种除铁剂，使铁转入到残渣中，然后再对这种含铁较高残渣进行处理，把铁分离出来作为行业原料。针对选矿预处理的产品铁硼精矿，在铁阻溶剂存在下用盐酸分解，浸出料浆经过滤将残渣与母液分离。液相中含有硼酸、氯化铀酞和氯化镁，铁则大部分存留在残渣中，残渣可送往炼铁，铀大部分进入液相。硫酸分解盐析分离技术大体与前者相似，但其工艺流程更短，设备少且多为当前硼化工行业通用设备。大连理工大学研究人员曾针对此种方法进行中试，结果表明硼浸出率大于95%，铁浸出率小于1%，硼收率大于80%，铁渣中铁品位提高20%，全铁（TFe）达50%以上，进一步印证了该湿法工艺的特色优势。

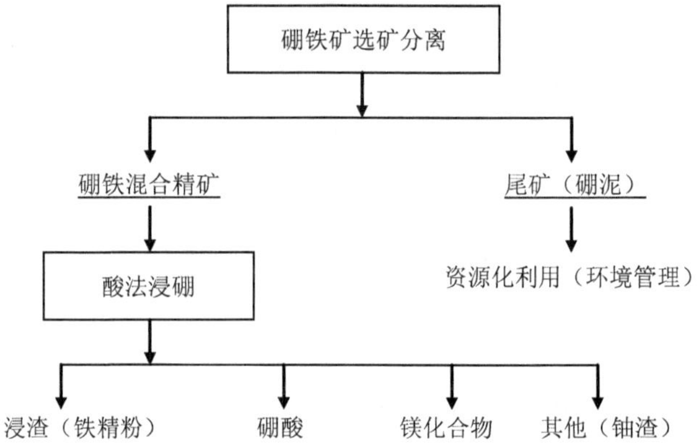

图 7-6　湿法分离过程

火法分离过程同 6.3.1。湿法分离过程与火法分离过程的前提都是需要对硼铁矿原料进行选矿预处理，然后再运用不同方法（火法与湿法）进行富集加工提取。其一，硼铁矿与复合矿二者都处于技术开发研制阶段，获取了大量的实验室数据及可行性方案，但工业化放大试验有待进一步实践探索。其二，针对该矿含铀特点，都对铀的提取利用及环境污染控制问题进行了不同程度的探究，其中湿法对铀的分布与去除进行了若干实验及小程度的放大试验，取得了一些参考数据，这一点在铀的可控性提取利用角度上是必须引起关注的。其三，从环境治理角度看，二者从某种程度上都对产生的废渣进行了循环利用。

7.3.2.2　累积环境效应评价

从资源环境影响角度，以 PLCA、TLCA、FLCA 三个维度对硼铁矿分离过程（火法与湿法）进行对比分析（表 7-5～表 7-7）。

表 7-5　分离过程 PLCA 对比

P 矩阵		分离过程	各个阶段环境影响因子					总分
			材料	能耗	固废	液废	气废	
生产阶段	硼铁开采	FS	1.5	0	1	0	0	2.5/20
		WS	1.5	0	1	0	0	2.5/20
	硼矿加工	FS	1.5	1	2	3	3	10.5/20
		WS	1	1.5	1.5	1.8	2.2	8/20
	过程产品	FS	1	2	3	4	2	12/20
		WS	0	2	2.5	3	2	9.5/20
	产品使用	FS	3	2	2	3	4	14/20
		WS	2	2.5	2.5	3	3.5	13.5/20
	硼泥处置	FS	0	1	2	3	2	8/20
		WS	3	1.5	2	3	1.5	11/20
总分		FS	7/20	6/20	10/20	13/20	11/20	47/100
		WS	7.5/20	7.5/20	9.5/20	10.8/20	9.2/20	44.5/100

表 7-6 分离过程 TLCA 对比

T 矩阵		分离过程	各个阶段环境影响因子					总分
			材料	能耗	固废	液废	气废	
生产阶段	硼矿供应	FS	2.5	0	2	0	0	4.5/20
		WS	2.5	0	2	0	0	4.5/20
	工艺设备	FS	2	1.5	2	3	2	10.5/20
		WS	1.5	0.5	3	2	1	8/20
	主要工艺	FS	0	2	2	4	2	10/20
		WS	0	1	2.5	3.5	1	8/20
	辅助工艺	FS	2.5	2	4	4	4	16.5/20
		WS	2.5	2.5	4	4	4	17/20
	再生处置	FS	1	1.5	2	2	4	10.5/20
		WS	1.5	1	1.5	1.5	3.5	9/20
总分		FS	8/20	7/20	12/20	12/20	12/20	52/100
		WS	8/20	5/20	13/20	11/20	9.5/20	46.5/100

表 7-7 分离过程 FLCA 对比

F 矩阵		分离过程	各个阶段环境影响因子					总分
			材料	能耗	固废	液废	气废	
生产阶段	厂房地理	FS	2	2.5	2.5	2.5	3	12.5/20
		WS	2	1.5	3	2	2	10.5/20
	材料产品	FS	1.5	1.5	2	3	2	10/20
		WS	1.5	1.5	2.5	2.5	1	9/20
	工艺活动	FS	2.5	2	2	2.5	2	11/20
		WS	2.5	2.5	2.5	3	1	11.5/20
	工厂操作	FS	2.5	3	3	2.5	2.5	13.5/20
		WS	2.5	2	4	1	3	12.5/20
	转让关闭	FS	1	1	0	3.5	2.5	8/20
		WS	1	1.5	3	2	3	10.5/20
总分		FS	9.5/20	10/20	9.5/20	14/20	12/20	55/100
		WS	9.5/20	9/20	15/20	10.5/20	10/20	54/100

7.3.2.3　分析及改进建议

以材料、能耗、固废、液废、气废等 5 项（各个阶段环境影响因子）为横坐标，分别以 1 单位（w 或 w′）为间隔，纵坐标（r 或 r′）为各个 LCA 横坐标对应的分项分值（累积环境效应），分别勾勒出 PLCA、TLCA 和 FLCA 各个环境影响因子（生产阶段）在硼铁矿分离过程（火法与湿法）中产生的累积影响对比图（图 7-7～图 7-9）。

（1）由图 7-7（a）看出，PLCA 时，WS 的阶段环境因子累积效应曲线整体发展与 FS 一致。由于其采用的原料与 FS 相同，所以原材料对应点差异非常小（得分分别是 7/20、7.5/20），而由于 WS 初始阶段不需要炼铁等高耗能设备，仅需通用化工设备即可，故能耗得分相比 FS 略高，为 7.5/20，接着 WS 与 FS 由于注意了环境污染物的控制，固废点、液废点都比较理想，虽然气废有所下降，但较之能量点还是处于上升段，之所以有所下滑，原因在于无论是 WS 还是 FS 对于气废治理都是采用稀释污染物的末端治理方式。

由图 7-7（b）看出，TLCA 时，WS 与 FS 的曲线出现很大差异，尤其在能耗点二者都出现拐点（7/20、5/20），WS 采用传统长流程化工设备，酸浸取的母液循环技术欠成熟，从而能耗累积造成曲线下滑，而 FS 采用单一短流程一体化硼铁分离设备，对高炉释放的能量回收利用。而后 WS 对于母液循环利用问题进行了大量研究，使环境污染得到遏制，由于 WS 适合加工经选矿处理高品位硼铁精矿而使后续环节资源消耗及环境影响良好，得分持续走高（12/20）。

由图 7-7（c）看出，FLCA 时，WS 与 FS 的曲线差异也很大。固废点 WS 得分较高，为 15/20，原因在于酸解硼铁矿时，硼铁矿会有一定量溶解，不仅使硼铁矿遭到损失，也会增加酸耗量，更增加从溶液中除铁的困难。WS 后期添加一种阻溶剂，使硼铁矿不溶或少溶。合适的阻溶剂和适当的条件可使铁的溶解损失降至 1%以下。二者曲线对应的液废点及气废点相异理由：①在 WS 酸解过程中，如果铁精矿中铀含量太高，炼铁时会随着炉气的燃烧产物逸入大气；②在 $MgSO_4·H_2O$ 与 H_3BO_3 的分级结晶环节，盐析工艺的蒸发设备有可能采用的硝酸镁是合成产品，带酸性溶液蒸发时，会分解成 NO_x 气体逸出，而 FS 过程中主要在高炉本身排放。

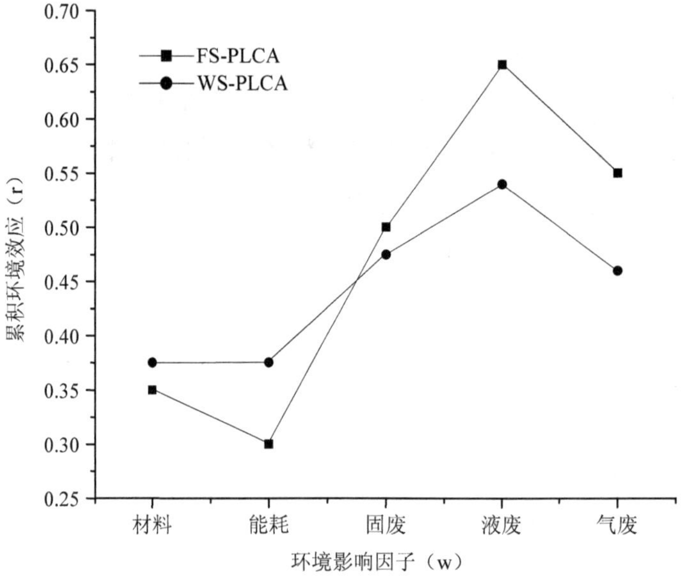

（a）PLCA

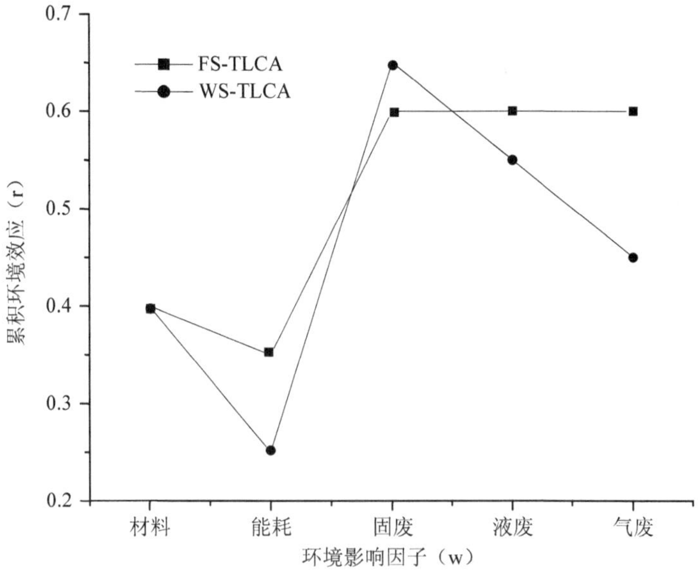

（b）TLCA

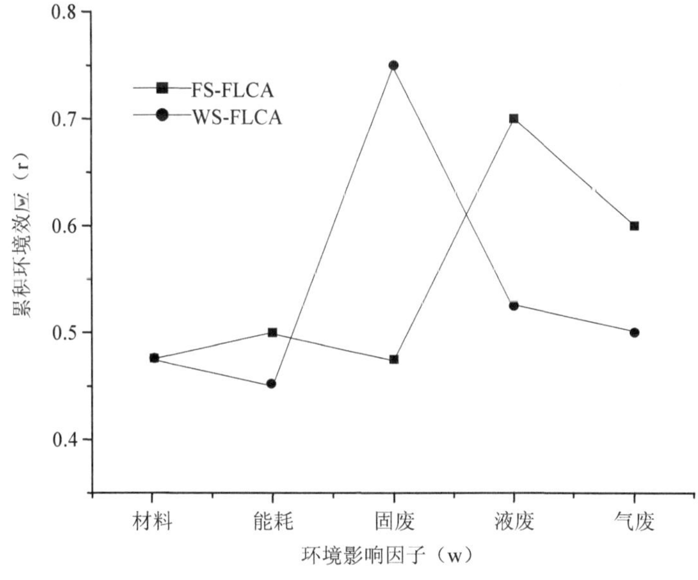

（c）FLCA

图 7-7　不同生命周期阶段下环境因子的累积环境效应对比

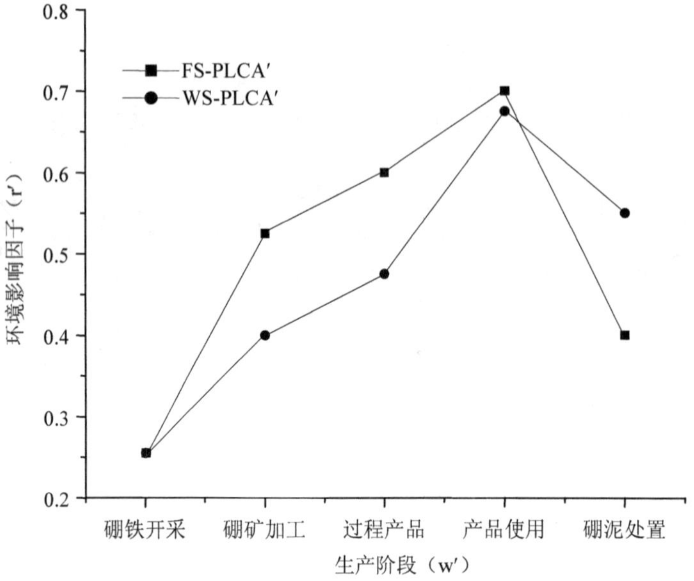
0.8
0.7
0.6
0.5
0.4
0.3
0.2
FS-PLCA′
WS-PLCA′
环境影响因子（r′）
硼铁开采
硼矿加工
过程产品
产品使用
硼泥处置
生产阶段（w′）

（a）PLCA

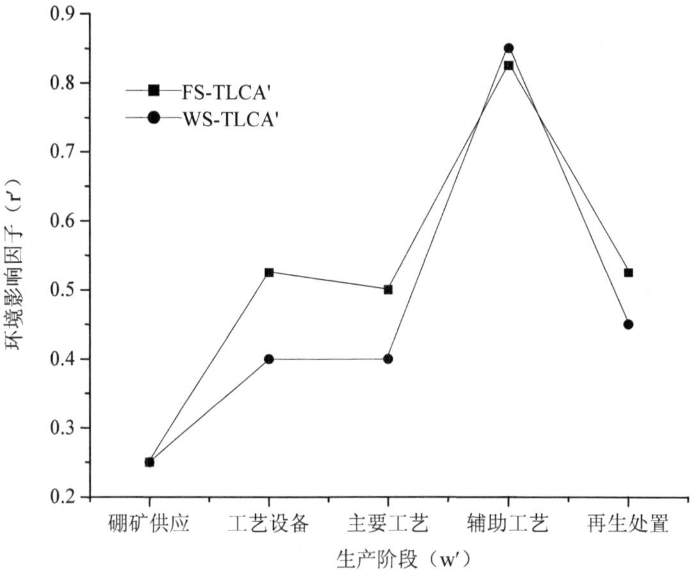
0.9
0.8
0.7
0.6
0.5
0.4
0.3
0.2
FS-TLCA'
WS-TLCA'
环境影响因子（r′）
硼矿供应
工艺设备
主要工艺
辅助工艺
再生处置
生产阶段（w′）

（b）TLCA

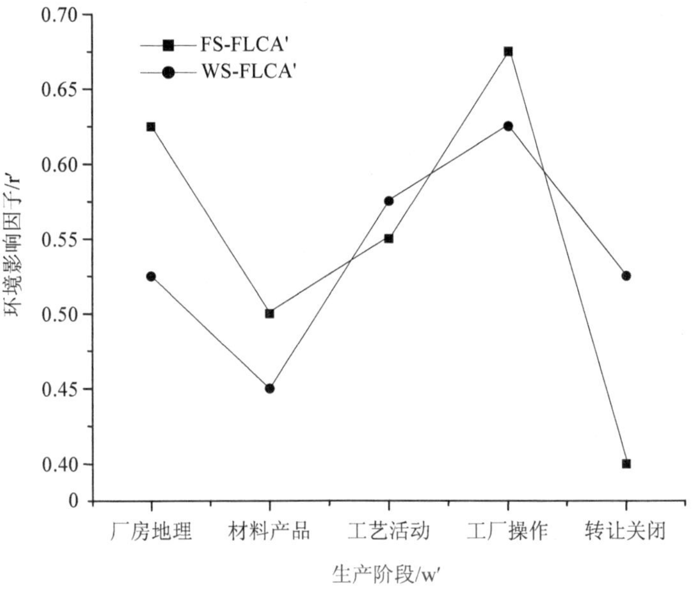

（c）FLCA

图 7-8　不同生命周期阶段下生产阶段的累积环境效应对比

（2）由图 7-8（a）看出，PLCA 时，WS 与 FS 曲线整体都是呈上升趋势，即环境友好型曲线，具体到生命周期开采、提取加工等阶段，FS 环境因子累积效应明显减小。而后期硼泥处置阶段 WS 要好于 FS，事实上这也是 WS 的特色所在，其在后续离心分离、硼酸结晶等环节工艺比较成熟。尤其积极引进相转移法技术等减量化、循环型技术来利用硼泥废弃物，进而成为硼铁矿行业低成本、高附加值的静脉产业技术创新的引擎。

由图 7-8（b）看出，TLCA 时，WS 与 FS 曲线整体趋于上升。硼铁分离过程采用 WS 与 FS，就整体化生态利用来看，清洁生产理念已介入辅助工艺环节中，从而使二者都达到了环境污染物全面控制的最好点（得分分别为 16.5/20、17/20）。而在过程设备及主体工艺上稍有差距，这是由于 WS 与 FS

设备及工艺的不同造成的，从 AT&T 方法所提倡的应用性看，如 Newcombe 等所推崇的环境治理更应采用提高资源利用效率与减少消耗的综合方式，从这个意义上，设备及工艺既是冶金过程行业环境影响受体源传播的重要途径，更是绿色冶金过程的关节点。再生处置阶段的曲线下滑（得分分别为 10.5/20、9/20）再一次印证了强化硼铁分离所带来的废弃物的资源循环利用的重要性。

由图 7-8（c）看出，FLCA 时，WS 曲线整体趋于良好，曲线起伏表明二者都注重了硼铁矿分离的整体化冶金过程资源化利用，将清洁生产引入分离过程中。FLCA 表明，在整个生命周期阶段呈现资源环境友好，工厂地理位置选择可为生态复垦地带，把工业生态学预防式环境管理引入整个工厂运作中，同样后者也克服了传统化工长流程的弊端，将 WS 所特有的盐酸分解萃取及硫酸分解盐析两种方法交叉集成，对环境污染区域进行全面监控，取得了较理想的曲线图。但二者分离过程又同时存在一个很大缺陷，即转让关闭阶段分数很低（得分分别为 8/20、10.5/20），主要原因在于硼铁矿中富含微量铀，由于铀的存在以及对其资源重要性和环境危害性认识不足，造成很大的资源浪费及潜在的环境危机。而 WS 在含铀资源处理上得分明显较高，进一步说明 WS 在技术经验、数据积累以及技术可行性方面值得引起行业注意。

（3）依据性能指数 *R* 计算 WS 与 FS 各个 LCA（PLCA、TLCA、FLCA）框架下的分值（WS 依次为 44.5%、46.5%、54%，FS 依次为 47%、52%、55%）大体呈上升趋势（图 7-9），即 FLCA 曲线平均较高，其次是 TLCA，PLCA 曲线最低。这说明，从工厂整体化优化硼铁矿分离过程可以使其对资源环境影响得到减缓，单一地开发硼铁矿资源造成的资源消耗及环境污染是最为严重的，而工艺过程初始阶段介于二者之间，后来趋于平缓。三者的对比图示表明，构建硼铁矿湿法与火法分离过程交叉集成融合开发的工业生态园，将给硼铁行业的资源利用与环境管理带来全新的思路，对于减轻区域资源消耗、降低环境压力具有较强的实际意义。工业生态园是组织之间通过互相合作，使能源、水、材料及环境和资源的管理达到整体最优，以获得比单个组织（单元）优化所取得的效益总和更大的整体效益。从冶金行业的硼铁矿分离过程来看，无论是湿法分离过程还是火法分离过程都存在各自特色和缺点，尚需不断完善。对品位较高的硼铁矿采用湿法分离为主体，对品位较低的硼铁矿采用火法分离为主体，而现实情况下，硼铁矿品位基本属于“呆矿”范畴，火法无疑为优先主体。要积极构建火法与湿法分离为双主体的工业共生生态园，同时注意湿法与火法的相异性，在不同硼铁矿开发时段采用适合的方法。通过上述对二者的资源消耗及环境影响的分析评价，构建这样一个硼铁工业生态园应该说是现实境况下比较理想的行业选择。

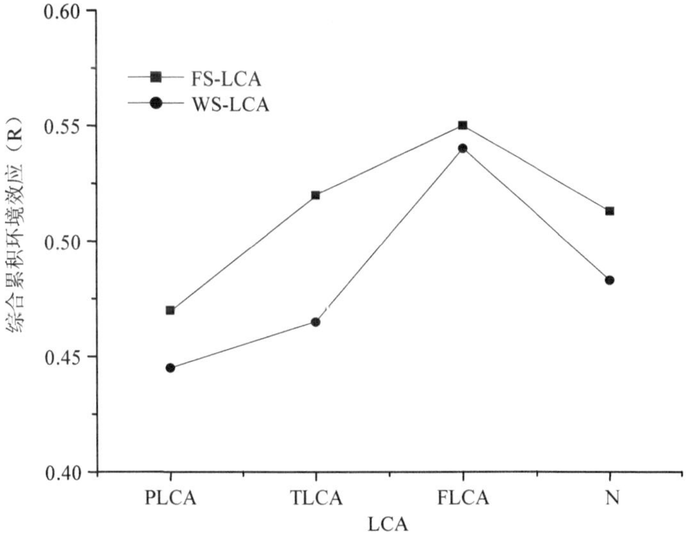

图 7-9　性能指数/过程综合指数累积环境效应对比

此外，从图 7-9 可以看出 FS 整体处于较高分数，表明人们认识到硼铁矿属于“呆矿”范畴，其适合 FS 为主体技术进程的工业生态园发展建设。尤其应该指出的是，对含铀较高的硼铁矿山，由于铀本身的资源价值及潜在环境危害,在建设工业生态园进程中应确立以WS为主体技术进程。原因在于WS属于典型的化工过程工业，其在处理含铀方面积累了大量经验及参考数据，而且WS在克服传统化工过程工业环境污染方面取得了很大的技术成功，诸如克服了WS耗酸量大、酸对设备腐蚀严重、工人操作检修不方便的弊端。另外，化工其他领域的相关研究也为硼铁矿行业提供了较好的参考。图7-9中所计算出的过程综合指数N依据等权重计算分为51.3%、48.3%，从此看出WS与FS事实上已相差无几，这表明，FS与WS对构建硼铁分离过程基础上的工业生态园都是现实可行的。另外，值得指出的是，从行业主管部门看，辽宁省“十一五”期间就已确立了在立足节约资源、控制污染等约束机制下，发展硼行业循环经济的战略。发展硼行业循环经济的重要途径就是建设硼铁工业生态园，这就要求未来硼铁矿工业生态园组织者在迎接现代环境管理挑战的同时，在工业、经济、地理变化分析中，需要更积极地寻找政治、工业决策和人类活动之间的联系。其中积极开展以WS与FS为主体技术进程路线的资源环境评价，用于决策支持、环境效能指标选择、供应链、知识获取等方面的研究与探索是非常关键的一个环节，其能更好地为硼铁矿开发关键性技术及衍生的行业工业生态园提供重要的辅助作用。

7.3.3　碳碱法制取硼砂技术演变中的累积环境效应评价

7.3.3.1　碳碱法技术演变的识别

碳碱法的技术发展经历了20世纪50年代的诞生摸索阶段、20世纪60年代起的成长发展阶段及20世纪80年代的成熟完善阶段等时期，到目前硼镁矿的碳碱法加工技术基本已经逐步完善成熟。分析碳碱法技术发展的历史，我们发现其技术进化过程类似于技术预测学中的技术演变规律。技术演变规律是指技术的演化发展有渐进过程也有跳跃过程，其中趋势外推法作为研究技术演化发展是非常具有现实意义的。从碳碱法技术发展来看，要实现从渐进到跨越的突破，必须努力创造一个技术跳跃平台，这实际上是为整个系统创造一个适宜环境。碳碱法技术的提取加工对象是硼镁矿资源，而硼镁矿资源目前似乎已经到了将近耗竭的境地，为缓解硼资源的紧缺情况，强化碳碱法制取硼砂过程的资源化整体利用与环境保护工作是一条重要途径。因此，积极分析碳碱法技术演变的进化过程，分析其资源消耗及环境影响有利于弄清其演变过程中存在的资源释放空间及环保潜在痕迹，进一步为硼砂整体生态化利用中的相关绿色设计、绿色化工、绿色化学等方向提供基础性研究支持。

7.3.3.2　累积环境效应评价

对碳碱法制取硼砂过程进行矩阵评价，其研究对象分为碳碱法制取硼砂过程 PLCA、碳碱法制取硼砂过程 TLCA 及碳碱法制取硼砂过程 FLCA。资源环境影响的分析，将从 PLCA、TLCA、FLCA 三个维度对碳碱法制取硼砂过程进行研究（表 7-8～表 7-10）。

表 7-8　硼砂制取过程 PLCA 对比评价

P 矩阵		分离过程	各个阶段环境影响因子					得分
			材料	能耗	固废	液废	气废	
生产阶段	硼矿开采	碳碱法	2	0	1.5	0	0	3.5/20
	硼矿加工	碳碱法	1.5	2	2.5	3	3	12/20
	过程产品	碳碱法	1	2.5	3	4	2	12.5/20
	产品使用	碳碱法	3	2	2.5	3	3.5	14/20
	硼渣处置	碳碱法	1.5	1.5	2.5	3	2	10.5/20
得分		碳碱法	9/20	8/20	12/20	13/20	10.5/20	52.5/100

表 7-9 硼砂制取过程 TLCA 对比评价

T 矩阵		分离过程	各个阶段环境影响因子					得分
			材料	能耗	固废	液废	气废	
生产阶段	硼矿供应	碳碱法	2.5	0	2	0	0	4.5/20
	工艺设备	碳碱法	2.5	2.5	3	2	1	11/20
	主要工艺	碳碱法	0	1.5	2.5	3.5	1	8.5/20
	辅助工艺	碳碱法	1.5	2.5	4	4	4	16/20
	再生处置	碳碱法	1.5	2.5	1.5	0.5	3	9/20
得分		碳碱法	8/20	9/20	13/20	10/20	9/20	49/100

表 7-10 硼砂制取过程 FLCA 对比评价

F 矩阵		分离过程	各个阶段环境影响因子					得分
			材料	能耗	固废	液废	气废	
生产阶段	厂房地理	碳碱法	2	3.5	2.5	3.5	2	13.5/20
	材料产品	碳碱法	1.5	1.5	1.5	2.5	1	8/20
	工艺活动	碳碱法	3.5	2.5	1.5	3.5	1	12/20
	工厂操作	碳碱法	2.5	2.5	3.5	1	3	12.5/20
	转让关闭	碳碱法	1.5	3.5	4	2	1.5	12.5/20
得分		碳碱法	11/20	13.5/20	13/20	12.5/20	8.5/20	58.5/100

7.3.3.3 分析及改进建议

图 7-10 和图 7-11 以材料、能耗、固废、液废、气废等 5 项（各个阶段环境影响因子）为横坐标，分别以 1 单位为间隔，纵坐标为各个横坐标对应的累积环境效应。

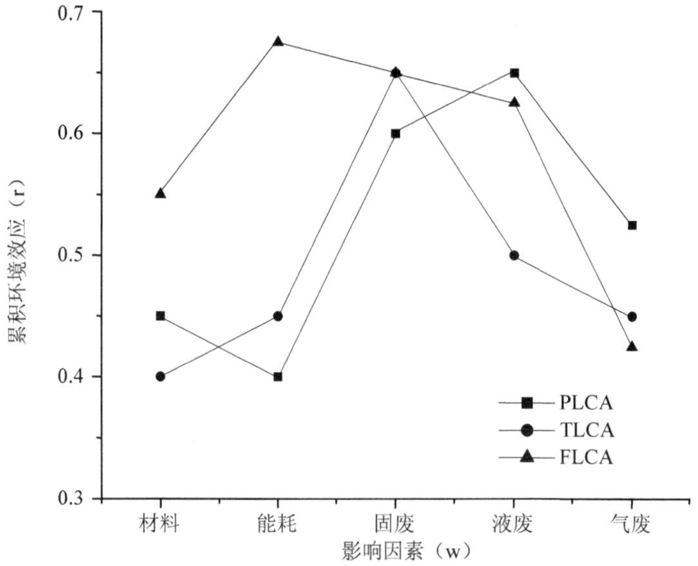

图 7-10　环境因子的累积环境效应对比

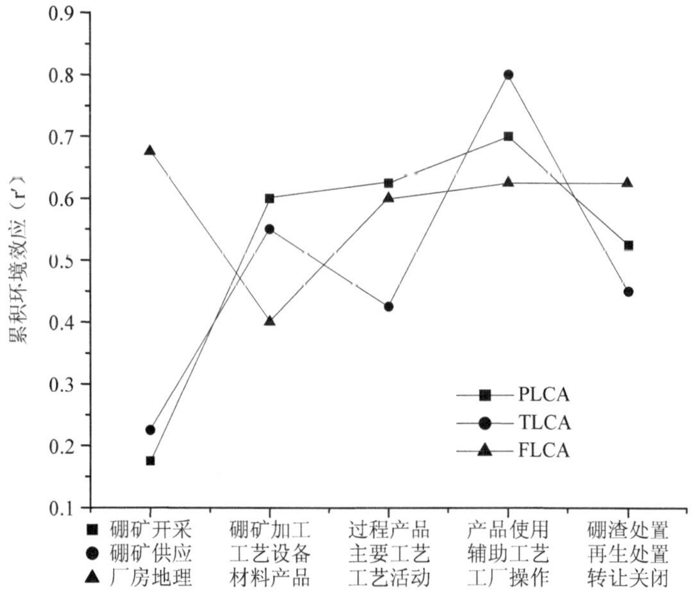

图 7-11　生产阶段的累积环境效应对比

从图 7-10 中看出碳碱法制取硼砂过程的 PLCA 曲线总体得分较低，尤其是前三项（材料 9/20，能耗 8/20，固废 12/20），原因在于影响碳碱法技术过程的因素较多，涉及原料矿粉细度、碱量、液固比、反应温度、CO_2分压、碳解时间等要素。液废和气废得分（分别为 13/20，10.5/20）趋势走高的原因在于碳碱法工艺在后续环节加大了过滤设备对环境污染的治理，即放弃了传统叶片过滤机和密压机，采用了压滤机。压滤机改变了传统过滤设备的环境恶劣情况，增加了过滤强度，提高了生产能力。TLCA 曲线基本正常，各项得分与一般概率分布吻合。TLCA 借助工业生态学的工艺全生命周期分析，有力地提升了后期环节的末端环境污染问题，尤其固废（得分为 13/20）取得了良好的治理效果，但是问题依然存在。由于工艺主体设备及辅助工艺设备中存在许多细节缺陷，如窑气流量的控制、碳碱罐数目的运筹调节等，造成了液废（得分为 10/20）及气废（得分为 9/20）得分偏低。设备运行与工艺条件的有机匹配是 TLCA 中应注意的关键问题。FLCA 曲线呈现出良好的发展趋势（得分分别为 11/20、13.5/20、13/20、12.5/20、8.5/20），这表明，从整体工厂系统角度来研究其中资源环境问题，使工业生态学环境管理思路得到了较好的实现。后期气废点（得分为 8.5/20）走低表明，工厂系统的资源环境治理空间潜力巨大，在这方面，相关决策部门应进一步在深入基层、做好调研的基础上合理掌控好工厂整体的运行机理。

对比图 7-11 的 3 条曲线，PLCA 中由于较早引入了产品生命周期（LCA）分析方法，并且已经得到行业的认可与采纳，从而在碳碱法各个阶段资源消耗与环境污染治理中得到比较好的执行。在中间环节阶段基本处于稳定状态（硼矿加工得分为 12/20，过程产品得分为 12.5/20，产品使用得分为 14/20），后期出现下滑与工艺中碱量控制相关，在工艺控制中，配碱量以理论的 90%～110%为宜，然而实际操作中许多硼被损耗，其被损耗途径包括矿渣中带走的可溶性碱、产品中带走游离碳酸钠、碳解时部分碳酸钠转变为硫酸钠或不溶性盐转入矿渣中等。对于 TLCA 曲线，总体呈现不稳定性，起伏很大的主要原因在于设备运行中不稳定，如果从生命周期分析角度来看，资源利用及环境保护上许多设备无论是耗能还是维修费用等方面都存在很大隐患，尤其在主要工艺运行环节环境累积影响得分很低（得分为 8.5/20），这提示我们要注意以下几点：严格控制工艺条件，操作过程中管路压力与罐内压力的匹配平衡，出料及进料时的气体输入以及罐体的结构匹配等。FLCA 曲线在材料产品得分降到低谷（得分为 8/20），主要是由原料硼镁矿资源逐渐趋于枯竭，高品位矿石稀缺造成的。但尽管如此，从工厂整体角度来分析资源环境影响还是非常乐观的，这说明工业生态学的环境管理全过程诊断策略更符合工厂生命周期进程。当然由于 MgO 在硼镁矿粉中含量偏高，沿用现行碳碱法进行加工，往往发生料浆黏稠以致干涸、碳解率下降和过滤困难等问题，影响正常生产。为此建议从工厂整体出发，立足整个流程，对工厂整个生命周期过程进行评价研究，积极开展技术链条的清洁生产机制，从而使整体系统运行合理、优化，实现碳碱法技术的环境协调、友好性。

综合图 7-10 和图 7-11 分析可以发现，两者有一个共同的特点，即从工厂整体系统出发分析 LCA 所得出的资源消耗及环境累积影响程度最轻。而单一产品生命周期分析程度最为严重，但有时微观环节又有波动不稳定。工艺 LCA 得到的结果基本上介于二者之间。这表明碳碱法行业的技术发展在降低资源消耗及环境污染控制程度上具有很大的提升空间。面对当下国内外循环经济理念的驱动，发展一个以碳碱法制取硼砂过程为主线的行业工业生态园应该是一个不错的环境管理运作途径，其符合工厂整体 LCA 的评价分析思路，建议相关部门在这一点上能引起注意，并采取积极的措施来进行有益的探索。

7.3.4 硼砂制取过程的累积环境效应评价对比研究

我国自硼砂生产工业化以来，经历了20世纪50年代硫酸法加工硼镁矿制取硼砂、20世纪50年代后期开始采用常压碱解法制取硼砂、20世纪60年代初期碳碱法研究成功并投入工业化生产的发展历程。20世纪60年代中后期进一步完善了加压碱解法及碳碱法的生产工艺。两种方法的主要技术经济指标达到较先进水平。目前两种方法在生产实践中得到了广泛应用。而在硼铁矿过程工业生态园的产业链条中，对硼砂制取过程的多种技术路线所引起的资源环境影响分析也应引起重视。

7.3.4.1 加压碱解法及碳碱法制取硼砂过程的环境影响特性对比

（1）加压碱解法（compression to alkaline degradation method）反应机理及工艺流程

加压碱解法采用较高的压力，提高反应温度，随之碱解率也相应提高，目的在于简化并优化工艺流程。经过预处理的原料硼镁矿经加压碱解、碳化及苛化等系列加工手段后，制取成品硼砂。加压碱解法制取硼砂工艺流程见图7-12。

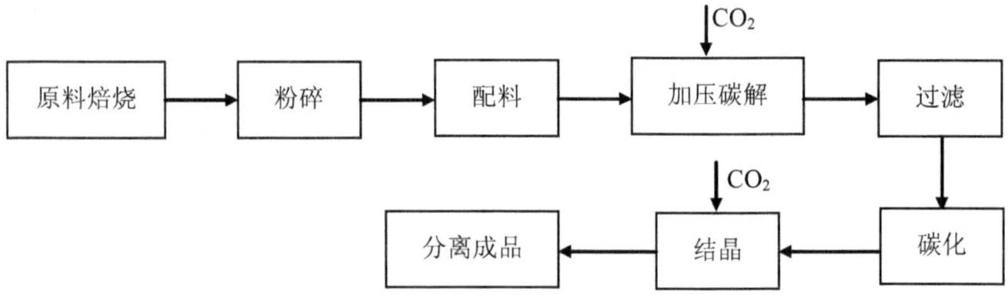

图7-12 加压碱解法制取硼砂工艺流程

（2）碳碱法（alkali carbonate method）反应机理及工艺流程

碳碱法反应机理为：经预处理的原料硼镁矿，加 Na_2CO_3 溶液，通入 CO_2 进行碳解，随后生成硼砂及其他副产品。碳碱法生产硼砂的工艺流程主要环节与加压碱解法类似，其主要工艺流程见图 7-13。

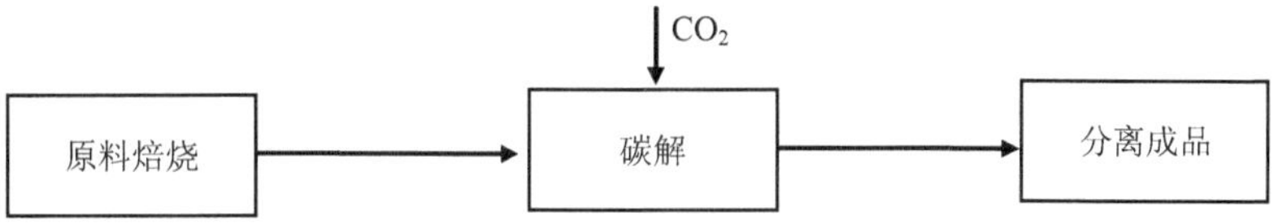

图 7-13 碳碱法制取硼砂工艺流程

加压碱解法与碳碱法相比，一般情况下，碱分解率和 B_2O_3 总收率略高，而碱利用率略低。其主要缺点是长流程、设备繁多，而且不适于加工品位在 12%左右的矿粉。而碳碱法的特色优势在于，短流程、B_2O_3 总收率和碱利用率都较高、资源消耗小、环境污染低，尤其可以对品位低于 8%的硼镁矿进行提取加工。

对硼砂制取的全流程分析，推进污染的全过程控制，对硼砂制取的加压碱解法及碳碱法进行资源环境影响的分析，进而促进环境优化经济增长。其中，解决环境污染的根本途径是减少资源消耗，提高资源利用率和资源再生率，控制污染物排放总量。而减少资源消耗为源头控制，提高资源利用率为一次过程控制，提高资源再生率为二次过程控制，控制污染物排放总量为尾端控制。

7.3.4.2 累积环境效应评价对比

对硼砂制取过程进行 AT&T 矩阵评价，则其研究对象分为硼砂制取过程 PLCA、硼砂制取过程 TLCA 及硼砂制取过程 FLCA。从 PLCA、TLCA、FLCA 三个维度对硼砂制取过程（加压碱解法及碳碱法）的资源环境影响程度进行对比分析（表 7-11～表 7-13）。

表 7-11 硼砂制取过程 PLCA 对比评价

PLCA 矩阵		分离过程	各个阶段环境影响因子					得分
			材料	能耗	固废	液废	气废	
生产阶段	硼矿开采	加压碱解法	2	0	1.5	0	0	3.5/20
		碳碱法	2	0	1.5	0	0	3.5/20
	硼矿加工	加压碱解法	1.5	1.5	1.5	1	2.5	8/20
		碳碱法	1.5	2	2.5	3	3	12/20
	过程产品	加压碱解法	0.5	2	2.5	3	2	10/20
		碳碱法	1	2.5	3	4	2	12.5/20
	产品使用	加压碱解法	2.5	2.5	1	2.5	3	11.5/20
		碳碱法	3	2	2.5	3	3.5	14/20
	硼渣处置	加压碱解法	2	2.5	3	3.5	2.5	13.5/20
		碳碱法	1.5	1.5	2.5	3	2	10.5/20
得分		加压碱解法	8.5/20	8.5/20	9.5/20	10/20	10/20	46.5/100
		碳碱法	9/20	8/20	12/20	13/20	10.5/20	52.5/100

表 7-12 硼砂制取过程 TLCA 对比评价

TLCA 矩阵		分离过程	各个阶段环境影响因子					得分
			材料	能耗	固废	液废	气废	
生产阶段	硼矿供应	加压碱解法	2.5	0	2	1	0	5.5/20
		碳碱法	2.5	0	2	0	0	4.5/20
	工艺设备	加压碱解法	1	1.5	2	2.5	2	9/20
		碳碱法	2.5	2.5	3	2	1	11/20
	主要工艺	加压碱解法	0	0.5	2	3	2	7.5/20
		碳碱法	0	1.5	2.5	3.5	1	8.5/20
	辅助工艺	加压碱解法	1.5	2	3.5	2.5	4	13.5/20
		碳碱法	1.5	2.5	4	4	4	16/20
	再生处置	加压碱解法	2	1.5	2.5	2	3.5	11.5/20
		碳碱法	1.5	2.5	1.5	0.5	3	9/20
得分		加压碱解法	7/20	5.5/20	12/20	11/20	11.5/20	47/100
		碳碱法	8/20	9/20	13/20	10/20	9/20	49/100

表 7-13　硼砂制取过程 FLCA 对比评价

FLCA 矩阵		分离过程	各个阶段环境影响因子					得分
			材料	能耗	固废	液废	气废	
生产阶段	厂房地理	加压碱解法	2	3	1.5	2.5	3	12/20
		碳碱法	2	3.5	2.5	3.5	2	13.5/20
	材料产品	加压碱解法	1.5	2.5	2	3	2	11/20
		碳碱法	1.5	1.5	1.5	2.5	1	8/20
	工艺活动	加压碱解法	3.5	1.5	1	2.5	2	10.5/20
		碳碱法	3.5	2.5	1.5	3.5	1	12/20
	工厂操作	加压碱解法	2.5	3	3	2.5	2.5	13.5/20
		碳碱法	2.5	2.5	3.5	1	3	12.5/20
	转让关闭	加压碱解法	0.5	1	3.5	0.5	2.5	8/20
		碳碱法	1.5	3.5	4	2	1.5	12.5/20
得分		加压碱解法	10/20	9/20	13/20	10/20	9/20	55/100
		碳碱法	11/20	13.5/20	13/20	12.5/20	8.5/20	58.5/100

7.3.4.3　分析及改进建议

以材料、能耗、固废、液废、气废等 5 项（各个阶段环境影响因子）为横坐标，分别以 1 单位为间隔，纵坐标分为各个 LCA 的横坐标对应的分项分值（累积环境效应），分别勾勒出硼砂制取过程 PLCA、TLCA 和 FLCA 各个环境影响因子（生产阶段）产生的累积影响对比图（图 7-14～图 7-16）。

（1）由图 7-14（a）可以看出，PLCA 时，加压碱解法与碳碱法的阶段环境因子累积效应曲线整体发展表现出明显的差异，前者曲线相对比较平缓，而后者发展强度差异很大，造成曲线坡度变化尺寸大，其主要原因在于后者流程长、设备繁杂，而且对硼镁矿原料品位要求比较高。具体来看，由于初始阶段二者采用的原料相同，所以原材料对应点差异非常小（得分分别为 8.5/20、9/20），加压碱解法拓展了常压碱解法的流程，在工艺中提高了压力与温度，从而二者在能耗点基本吻合一致（得分分别为 8.5/20、8/20）。然而应引起注意的是固废点（得分为 9.5/20）、液废点（得分为 10/20）、气废点（得分为 10/20）二者曲线偏差很大，前者成渐进式、平缓上升，后者在经历了固废点（得分为 12/20）、液废点（得分为 13/20）大坡度曲线后，迅速下降（得分为 10.5/20）。究其原因，在于加压碱解法与碳碱法的工艺条件、主要设备及操作等影响因素不同。例如，前者工艺条件中的碱解环节中一个比较量化的指标是碱解率的问题，其影响因素比较多，硼矿石的焙烧质量是关键原因等。

由图 7-14（b）可以看出，TLCA 时，加压碱解法与碳碱法的曲线大体一致。主要原因在于二者在流程改造方面加大力度，使流程更加紧凑一体化，从而二者碱分解率和 B_2O_3 总收率都较高，碱利用率也得到提升。后者曲线稍微提升说明与前者相比，短流程的概念得到企业认可，硼砂母液综合利用比较完善，而且用纯碱代替烧碱降低了成本，使能耗更小、污染更轻（得分分别为 9/20、13/20、10/20、9/20）。

由图 7-14（c）可以看出，FLCA 时，二者曲线差异很大，前者曲线由于技术更新缓慢，针对的硼矿石品位固定，而且保留了硼砂结晶分离及母液苛化工艺条件，从而曲线一直缓慢上升。而碳碱法突破传统工艺，集成流程，离心分离得硼砂、母液直接资源化利用（碳解配料），从而使能耗降至最低（得分最高为 13.5/20），但后期气废点下降（得分为 8.5/20），这提醒我们要对在整个过程中气体污染物造成的环境污染问题进行全过程监控，传统的稀释污染物的末端治理方式已经不能治本。

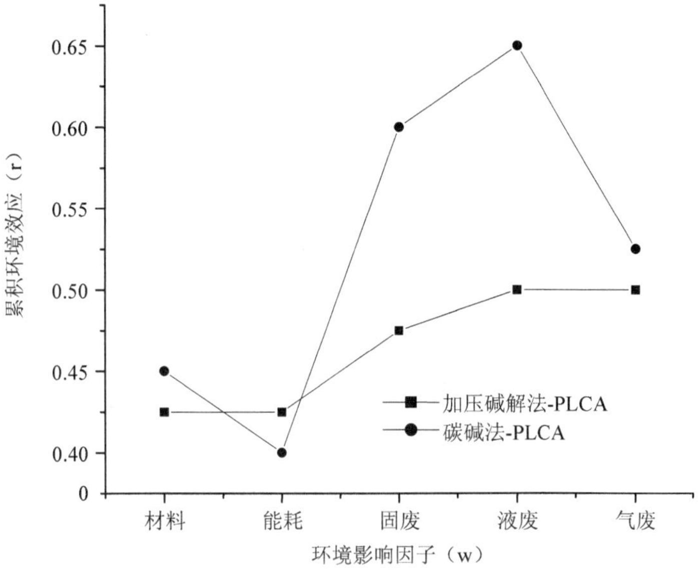
0.65
0.60
0.55
0.50
0.45
0.40
0
累积环境效应（r）
加压碱解法-PLCA
碳碱法-PLCA
材料
能耗
固废
液废
气废
环境影响因子（w）

（a）PLCA

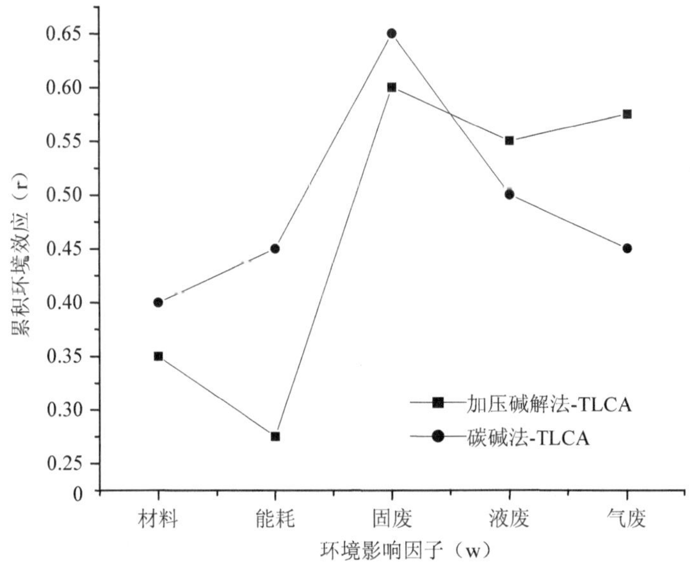
0.65
0.60
0.55
0.50
0.45
0.40
0.35
0.30
0.25
0
累积环境效应（r）
加压碱解法-TLCA
碳碱法-TLCA
材料
能耗
固废
液废
气废
环境影响因子（w）

（b）TLCA

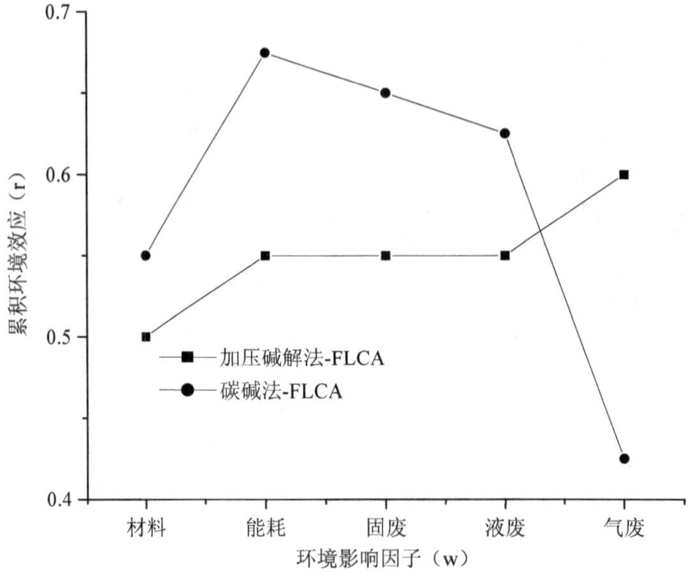

（c）FLCA

图 7-14 不同生命周期阶段下环境因子的累积环境效应对比

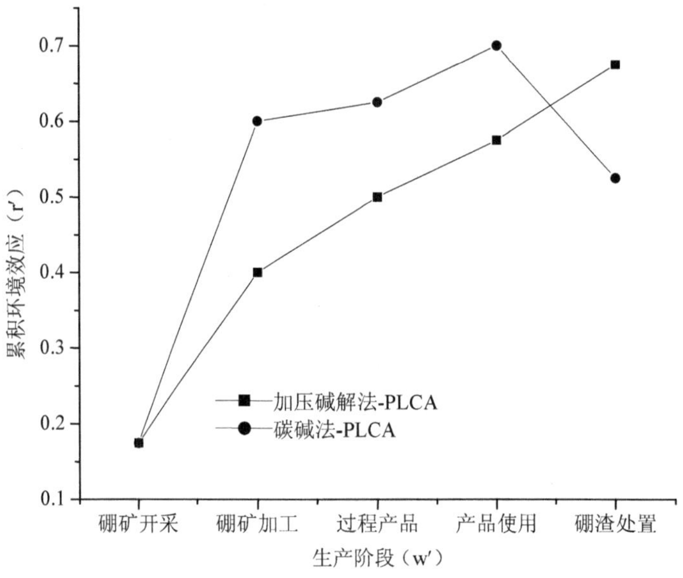

（a）PLCA

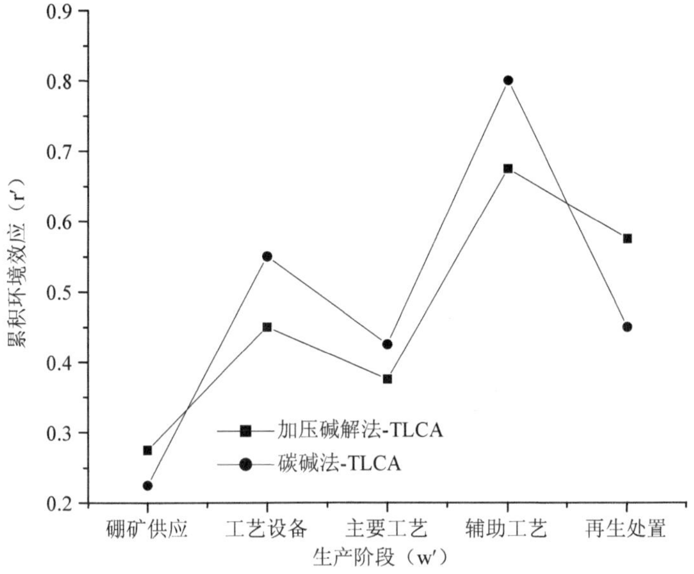

（b）TLCA

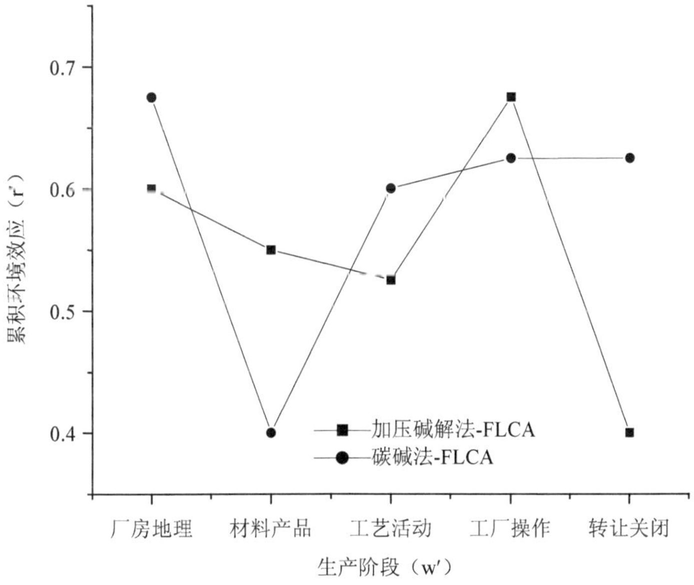

（c）FLCA

图 7-15　不同生命周期阶段下生产阶段的累积环境效应对比

（2）由图 7-15（a）可以看出，PLCA 时，加压碱解法与碳碱法曲线整体都是上升趋势，资源环境呈良性发展型曲线，具体到生命周期开采、提取加工等阶段，后者环境因子累积效应明显减小。而后期废弃物资源化利用阶段前者要好于后者，解决方法是在碳碱法中添加活性剂，从源头解决。这表明发展静脉产业无疑对于低成本、高附加值的资源化利用与环境管理具有较强的现实意义。

由图 7-15（b）可以看出，TLCA 时，二者曲线整体呈“M”形上升。这表明，两种方法对于生产硼砂过程中的资源消耗与环境污染情况都是比较理想的（得分分别为 13.5/20、16/20），整体过程工艺是可以得到优化控制的。从工业生态学角度看，设备及工艺既是化工过程工业环境影响受体源传播的重要途径，也是节能降耗的关节点。而二者在生命周期再生处置阶段的曲线下滑（11.5/20、9/20），说明硼砂生产全流程所带来的废弃物的资源循环利用率偏低。

由图 7-15（c）可以看出，FLCA 时，两条曲线整体波动反常。初始阶段在厂房地理、材料产品环节，前者由于技术成熟，工艺完善，资源消耗小，环境累积效应负荷小，后者由于技术工艺在工业化探索放大阶段，不可预期要素难以控制，从而材料产品阶段环境累积效应降至非常低（得分为 8/20）。后期阶段，碳碱法工业化放大得到较理想的结果，从而曲线呈上升趋势（得分分别为 12/20、12.5/20、12.5/20）。后者由于长流程所带来的一系列弊端，造成整个工厂运作过程中环境治理的末端控制思维失控，曲线降低（得分为 8/20）。FLCA 表明，整个生命周期阶段资源环境友好，工厂地理位置选择可以生态复垦的地带，把工业生态学预防式环境管理引入整个工厂运作中，在满足社会需求的前提下尽可能降低产品、生产和活动在整个生命周期内对环境造成的影响和负担，同时引入清洁生产源头预防工艺，克服传统化工长流程的弊端，对环境污染进行全面监控，取得了较理想的曲线图（碳碱法曲线）。然而，从二者对比曲线图可以看出，碳碱法的转让关闭阶段分数基本没有变化（得分为 12.5/20），这提示我们硼砂生产全过程目的在于开发硼镁矿区域资源的思路是以硼为主、多种元素（硼渣、镁等）综合利用，后期的资源化利用与环境治理更应重视。

（3）依据性能指数 R 计算加压碱解法与碳碱法各个 LCA 框架下的分值大体呈上升趋势（图 7-16），即 FLCA 曲线平均较高（55%、58.5%），其次 PLCA（47%、49%），TLCA 曲线最低（46.5%、52.5%）。这说明从整体工厂优化硼砂制取全过程可以使其对资源环境影响得到减缓，单一硼砂工艺开发硼镁资源造成的资源消耗及环境污染是最严重的。这表明，构建基于硼砂制取全过程开发的硼砂工业生态园是拓展硼资源行业经济发展与环境管理的全新方向。图 7-16 中，两种硼砂制取方法起初 PLCA 得分较高，原因在于当下对于产品生命周期评价分析成为热点，从而注重以硼砂产品为目的与过程的管理思想，却忽视了以工艺及其辅助工艺为整体架构的全过程的集成生命周期的资源环境影响分析，这也是目前化工、矿产等行业环保亟须解决的问题之一。另外，造成 TLCA 得分偏低的原因还有人们观念认识上的问题，即认为只要按照工业生态学中所倡导的环境管理全过程思想研究资源环境问题就可以。事实上，我们更应拓宽思路，将如何平衡经济与环境发展放在更高的位置。从整个工厂，乃至整个区域视野来分析硼砂制取过程的生命周期，这一点也是 FLCA 得分较高的原因，毕竟硼砂制取过程属于典型的化工过程工业。

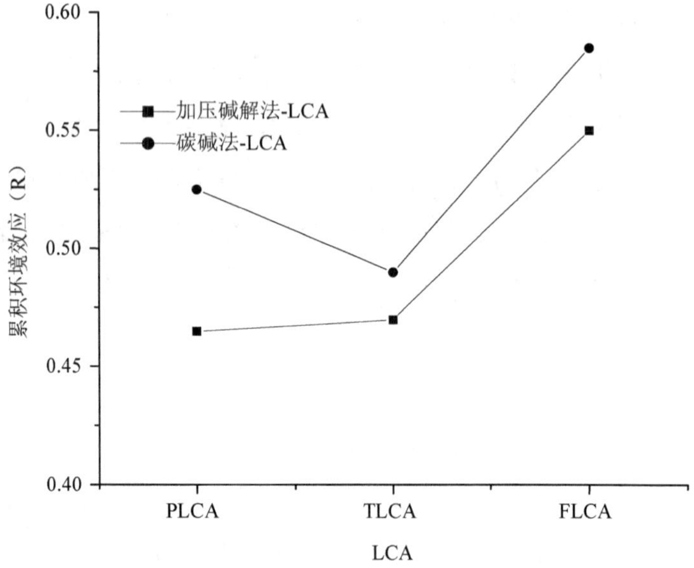

图 7-16　性能指数/过程综合指数累积环境效应对比

而作为过程综合指数 N 依据等权重计算分为 49.5%、53.3%来说，二者有较大差异。这说明，建立在 LCA 三框架分析基础上碳碱法制取硼砂过程对于构建相应工业生态园更具优势与现实可行性。就国家层面看，国家节能减排对硼化工行业提供了较大的发展机遇与提升空间。以碳碱法技术路径为特色优势的 LCA 三框架资源环境影响分析，使碳碱法重新被强调与认可。当然，加压碱解法也有许多自身的优势，如碱分解率和 B_2O_3 总收率较高等，所以我们在积极开展碳碱法为关键性技术主线的硼砂制取工业生态园进程中，更应将前者的方法融合集成创新，同时在区域和全球尺度上，相应管理策略还需要通过经济激励、税收政策等来实现，从而尽量避免单一技术控制的缺憾所肇始的一系列不可控问题。

7.3.5　硼酸制取过程的资源消耗及环境影响分析

硼酸（H_3BO_3）是一种重要的化工原料，广泛应用在陶瓷、玻璃、鞣革、染料、硼钢及稀有金属的冶炼中。美国、俄罗斯、土耳其、意大利及日本等国家先后经过实践技术累积，实现了适应本国硼酸特色工业化生产的技术手段。

7.3.5.1　几种硼酸制取过程的特性对比

（1）硫酸法（sulfuric acid method）机理及工艺流程

硫酸法是我国最早生产硼酸的方法。一定温度下原料硼镁矿与硫酸作用，使矿石中的 B_2O_3 析出。起初，硼酸母液被视为废弃物，后来开展了一些资源化利用工作，如制取硼镁肥、从酸解液中提取硼酸和水镁钒等（具体分析见 3.2.3.1 节）。

硫酸法生产硼酸的工艺流程见图 7-17。

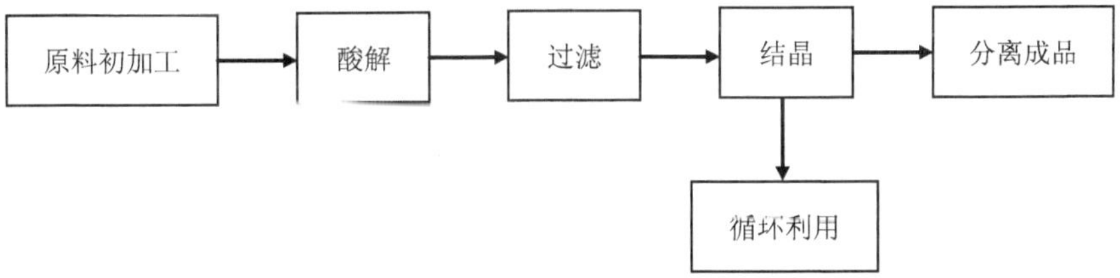

图 7-17　硫酸法制取硼酸工艺流程

（2）硫酸二步法（sulfuric acid of two-step method）机理及工艺流程

以硼砂为原料，加入硫酸或硝酸直接生产出成品硼酸。其特色优势为短流程、设备简单、技术可控性强等（具体机理分析及工艺流程见 3.2.3.2 节）。

（3）碳氨法（ammonium bicarbonate method）反应机理及工艺流程

碳氨法是天津化工研究院在借鉴国外相关技术基础上发明的，其特色优势在于可直接加工硼矿生产出硼酸。缺点是流程复杂，能耗大。

碳氨法生产硼酸的工艺流程见图 7-18：

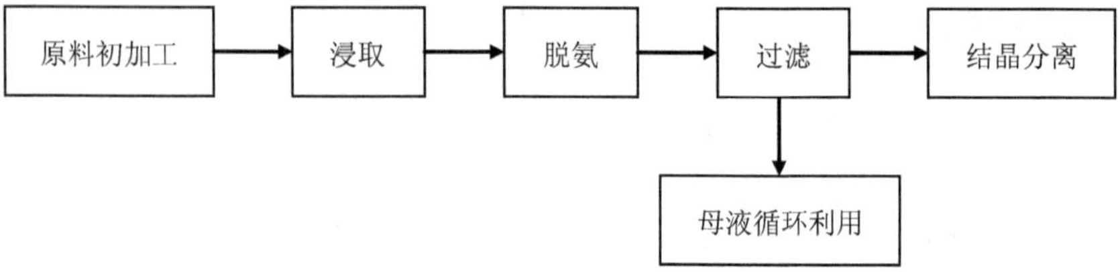

图 7-18　碳氨法制取硼酸工艺流程

7.3.5.2　评价对比

对硼酸制取过程进行 AT&T 矩阵评价，则其研究对象分为硼酸制取过程 PLCA、硼酸制取过程 TLCA、硼酸制取过程 FLCA。从 PLCA、TLCA、FLCA 三个维度对硼酸制取过程（硫酸法、二步法、碳氨法）的资源环境影响程度进行对比分析（表 7-14～表 7-16）。

表 7-14　硼酸制取过程 PLCA 对比评价

F 矩阵		分离过程	各个阶段环境影响因子					得分
			材料	能耗	固废	液废	气废	
生产阶段	硼矿开采	硫酸法	2	0.5	2	1.5	0	6/20
		二步法	2	0.5	2	1.5	0	6/20
		碳氨法	2	0	1.5	1	0	4.5/20

F矩阵		分离过程	各个阶段环境影响因子					得分
			材料	能耗	固废	液废	气废	
生产阶段	硼矿加工	硫酸法	1.5	1.5	2.5	1	2.5	9/20
		二步法	2.5	2	3	3	3	13.5/20
		碳氨法	3	1	1.5	0.5	2	8/20
	过程产品	硫酸法	1.5	1.5	2.5	3	2	10.5/20
		二步法	1	2.5	3	4	2	12.5/20
		碳氨法	2.5	1	1.5	2.5	3	10.5/20
	产品使用	硫酸法	1.5	1.5	1	1.5	3	8.5/20
		二步法	2	2	2.5	2	3.5	12/20
		碳氨法	3.5	1	3	2.5	0.5	10.5/20
	硼渣处置	硫酸法	2.5	2	2.5	3	3	13/20
		二步法	3.5	2.5	2.5	3.5	2	14/20
		碳氨法	3	1.5	2	3	1.5	11/20
总分		硫酸法	9/20	7/20	10.5/20	10/20	10.5/20	47/100
		二步法	11/20	9.5/20	13/20	13.5/20	10.5/20	57.5/100
		碳氨法	14/20	4.5/20	9.5/20	9.5/20	7/20	44.5/100

表7-15 硼酸制取过程TLCA对比评价

T矩阵		分离过程	各个阶段环境影响因子					总分
			材料	能耗	固废	液废	气废	
生产阶段	硼矿供应	硫酸法	2	0.5	2	1	0.5	6/20
		二步法	2	0.5	2	0	0.5	5/20
		碳氨法	1.5	0	1.5	1.5	0	4.5/20

T 矩阵		分离过程	各个阶段环境影响因子					总分
			材料	能耗	固废	液废	气废	
生产阶段	工艺设备	硫酸法	1.5	1	2.5	1.5	1	7.5/20
		二步法	2.5	2.5	3	2.5	1.5	12/20
		碳氨法	3	0.5	2.5	1	0.5	7.5/20
	主要工艺	硫酸法	0.5	1.5	2.5	2.5	2	9/20
		二步法	0.5	2.5	3	3	1.5	10.5/20
		碳氨法	2	1	3	2	1	9/20
	辅助工艺	硫酸法	1.5	2.5	3	2.5	4	13.5/20
		二步法	1.5	2.5	3.5	2	4	13.5/20
		碳氨法	2.5	2	2.5	1.5	3.5	12/20
	再生处置	硫酸法	2.5	1.5	2	2	3	11/20
		二步法	3	2	1.5	2.5	3	12/20
		碳氨法	4	0.5	2.5	2	2.5	11.5/20
总分		硫酸法	8/20	7/20	12/20	9.5/20	10.5/20	47/100
		二步法	9.5/20	10/20	13/20	10/20	10.5/20	53/100
		碳氨法	13/20	4/20	12/20	8/20	7.5/20	44.5/100

表 7-16　硼酸制取过程 FLCA 对比评价

F 矩阵		分离过程	各个阶段环境影响因子					总分
			材料	能耗	固废	液废	气废	
生产阶段	厂房地理	硫酸法	2.5	2.5	1.5	3.5	1	11/20
		二步法	2.5	3.5	2.5	3	1.5	13/20
		碳氨法	3	2	2	3.5	0.5	11/20

F 矩阵		分离过程	各个阶段环境影响因子					总分
			材料	能耗	固废	液废	气废	
生产阶段	材料产品	硫酸法	1	2	2.5	2	2	9.5/20
		二步法	1	1.5	1.5	2.5	1	7.5/20
		碳氨法	1.5	1	3	2.5	2.5	10.5/20
	工艺活动	硫酸法	3	1.5	1.5	2.5	2	10.5/20
		二步法	2.5	2	2.5	3	1.5	11.5/20
		碳氨法	2	0.5	3	3.5	1	10/20
	工厂操作	硫酸法	2.5	3	2.5	2.5	2	12.5/20
		二步法	2.5	2	3	1	3.5	12/20
		碳氨法	3	1.5	3	2	2.5	12/20
	转让关闭	硫酸法	1.5	1.5	3.5	1.5	2	10/20
		二步法	2.5	3	3.5	2	2.5	13.5/20
		碳氨法	3.5	2.5	3	2.5	3.5	15/20
总分		硫酸法	10.5/20	10.5/20	11.5/20	12/20	9/20	53.5/100
		二步法	11/20	12/20	13/20	11.5/20	10/20	57.5/100
		碳氨法	13/20	7.5/20	14/20	14/20	10/20	58.5/100

7.3.5.3　分析及改进建议

以材料、能耗、固废、液废、气废等 5 项（各个阶段环境影响因子）为横坐标，分别以 1 单位为间隔，纵坐标为各个 LCA 的横坐标对应的分项分值（累积环境效应），分别勾勒出硼酸制取过程 PLCA、TLCA 和 FLCA 各个环境影响因子（生产阶段）产生的累积影响对比图（图 7-19～图 7-21）。

（1）由图 7-19（a）可以看出，PLCA 时，硫酸法、二步法及碳氨法三种硼酸制取过程的曲线大体趋于一致。由于三者在方法产生过程的时间序列层面不同，造成初始阶段原料点呈时间序列排列（得分分别为 9/20、11/20、14/20）。对于能耗点，碳氨法在最低点与实际技术水平吻合，因为此法缺点在于流程复杂、能耗大。相比之下，前两种方法具有流程简单、工艺技术条件成熟且可控性强等特色，再加上新近酸性母液问题循环利用技术有所应用，从而能耗点得分偏高，具体到细节略有差异（得分分别为 9.5/20、7/20）。原料即硼矿石品位逐渐偏低，三种方法都注意了技术工艺创新，在节能环保及资源化利用上加大力度，尤其密切控制环境污染物，如硫酸法、二步法在 B_2O_3 酸解率上加以提升，在硼酸分离过滤母液上加大循环体系的技术开拓，而碳氨法的环境污染点之所以控制得好，主要原因在于氨在硼酸制取全流程中得到循环利用，从而节约了配料消耗，避免了大量废弃物产生。值得指出的是，三种方法的环境治理模式尚未跳出污染物稀释控制的末端管制思路。

由图 7-19（b）可以看出，TLCA 时，三条曲线总体脉络可以类比 PLCA 曲线，整体呈“W”形。三者整体工艺全流程中的材料点及能耗点也与 PLCA 一致，但三者在全流程中的固废点出现高峰点（得分分别为 12/20、13/20、12/20），这进一步印证了全流程中硼酸母液中的废渣得到了较理想的资源化利用，从得分情况看，还有较大的提升空间，面对当今的资源环境状况，进一步发展低成本、高附加值材料的制取是一种较具前景的策略思路。后期液废点及气废点得分下降（得分分别为 9.5/20、10/20、10.5/20、10.5/20），表明硫酸法、二步法两种方法仅仅依据短流程、工艺成熟的优势已经显现不足，由此在其各自流程中引入工业生态学式的工业“小循环”思想，即在硼酸制取全流程中贯彻清洁生产思想成为全面预防并遏制环境污染的重要途径与方式。

由图 7-19（c）可以看出，FLCA 时，硫酸法、二步法两种方法的曲线走向大体一致，这个也符合后者是在前者工艺基础上发展而来的技术演变思路。而碳氨法曲线波动较大，从整体工厂角度看，虽然前期资源消耗及能耗都很大，但后期环境污染治理取得了较好的得分（得分分别为 14/20、10/20），另外，碳氨法制取硼酸的厂家仅开原化工厂一家，从环境监管角度分析，其与厂家众多的硫酸法及二步法相比更具优势，这一点提醒我们在发展区域经济与行业环保过程中强化资源或能源利用过程的绿色化和生态效率，即生态过程系统集成是扶持一个网络点成功的关键。

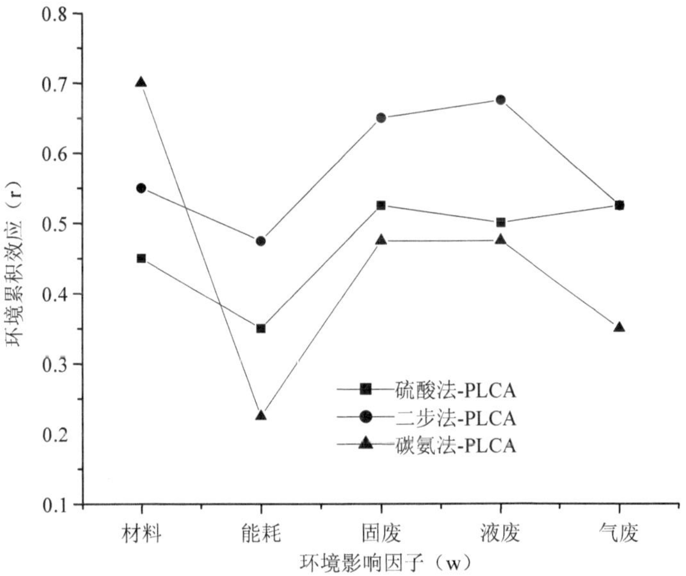

（a）PLCA

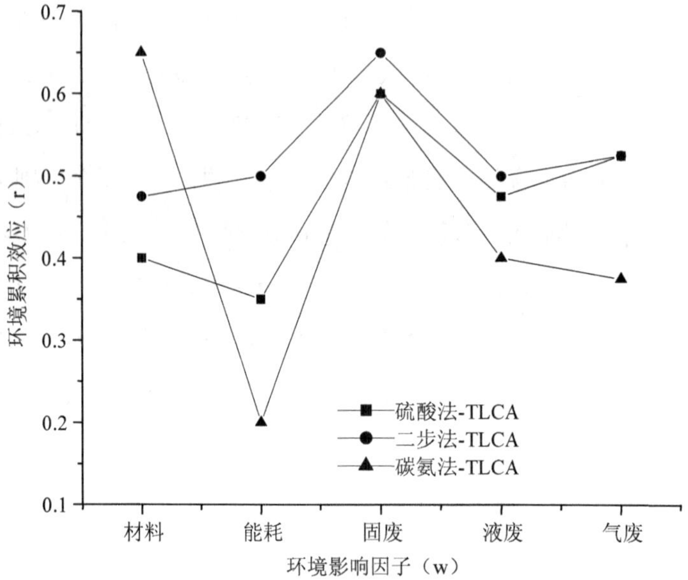

（b）TLCA

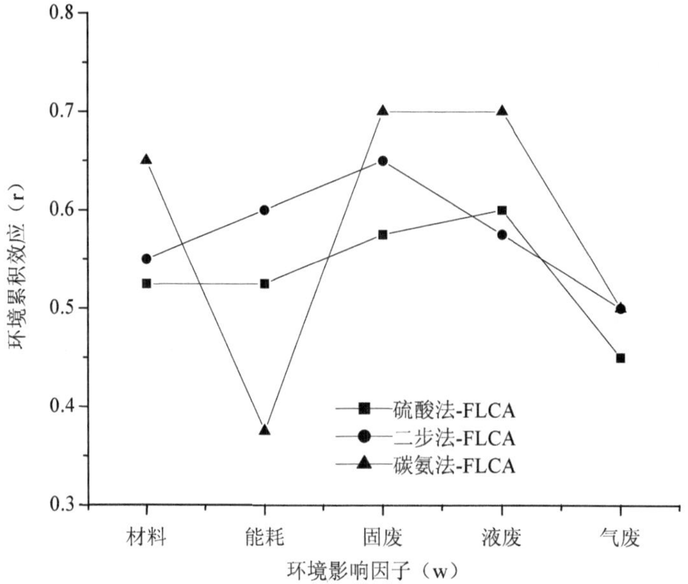

（c）FLCA

图 7-19 不同生命周期阶段下环境因子的累积环境效应对比

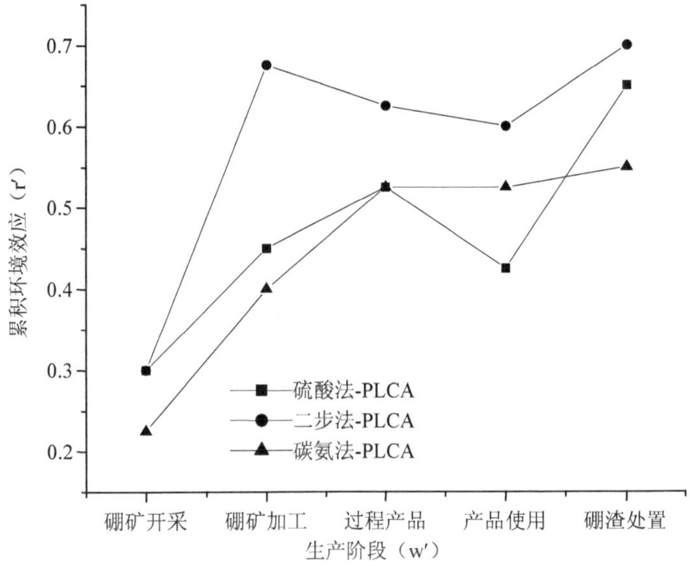
0.7
0.6
0.5
0.4
0.3
0.2
累积环境效应（r′）
硫酸法-PLCA
二步法-PLCA
碳氨法-PLCA
硼矿开采
硼矿加工
过程产品
产品使用
硼渣处置
生产阶段（w′）

（a）PLCA

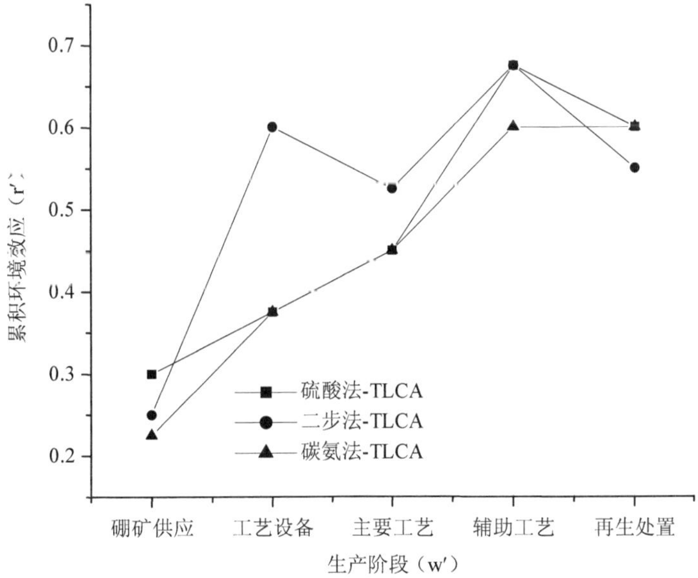
0.7
0.6
0.5
0.4
0.3
0.2
累积环境效应（r′）
硫酸法-TLCA
二步法-TLCA
碳氨法-TLCA
硼矿供应
工艺设备
主要工艺
辅助工艺
再生处置
生产阶段（w′）

（b）TLCA

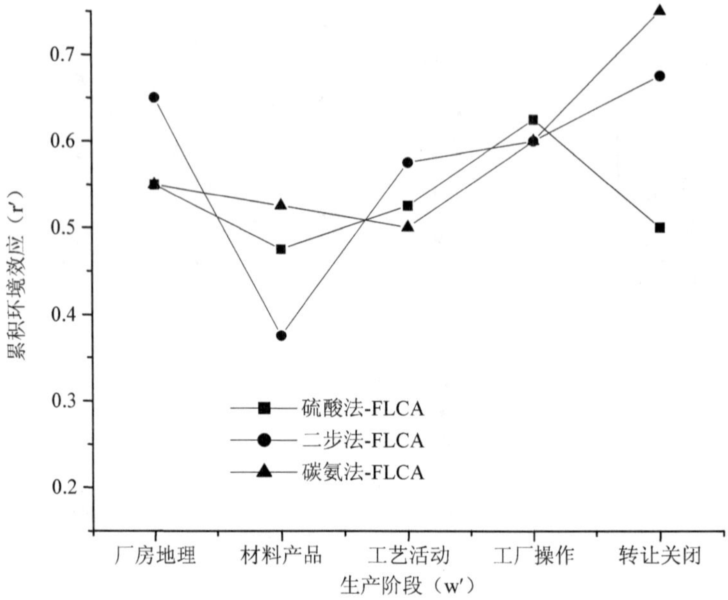

（c）FLCA

图 7-20 不同生命周期阶段下生产阶段的累积环境效应对比

（2）由图 7-20（a）可以看出，PLCA 时，硫酸法、二步法及碳氨法曲线整体都呈上升趋势，差异在于上升幅度相异。就单一硼酸产品生命周期分析看，其发展良好的趋势驱动因素在于产品生命周期评价概念成为热点，并已经被诸多行业环保领域所认可和采纳。与此同时，带动了 TLCA［图 7-20（b）］中的三条曲线也呈良好发展势头，原因与 PLCA 相似。

从图 7-20（b）中还可以发现，二步法相对打分更高，而且有 2 次峰谷（得分分别为 12/20、13.5/20），总体发展良好的一个关键要素是其原料为硼砂成品，单就这点，其从工艺源头为二步法得到较好的资源效益与环境效益奠定了基础。当然，TLCA 中的三条曲线发展良好，其与全流程的辅助工艺及设备的关系也是非常密切的，尽量采用节能环保的辅助工艺及耗能低的设备也是至关重要的。

由图 7-20（c）看出，FLCA 时，三条曲线整体呈倒“U”形，但具体对应的横、纵坐标指数略有不同。硫酸法在材料产品阶段环境累积效应降至最低（得分为 9.5/20），随之二步法也在此横坐标点对应环境累积效应最低（得分为 7.5/20），碳氨法的环境累积效应最低（得分为 10/20）时对应的阶段为工艺活动阶段。

纵观阶段—环境累积曲线图（图 7-20），以硼酸制取过程的技术路径依赖为准绳的化工过程工艺既是冶金化工过程工业环境影响受体源传播的重要途径，也是节能降耗的关节点。尤其 PLCA 与 TLCA 曲线基本都呈现良性循环上升，而在工厂层面的 FLCA 曲线却有相当明显的差异，这提醒我们在上述三种硼酸制取过程中，从整体角度，要贯彻工业生态学式的环境管理全过程控制思路，从而强化工厂网络结构中以硼资源物质流为主线的资源循环利用模式，这是进一步完善硼行业资源节约及环境保护的重要切入点。同时，FLCA 表明，在整个生命周期阶段呈现资源环境友好，在工厂地理位置上应选择可以生态复垦地带，在硼酸制取过程中厘清硼镁矿资源化利用的环境规划思路，即采用以硼为主、多种元素（硼渣、镁等）综合利用的方式。

（3）依据性能指数 R 计算硫酸法、二步法及碳氨法各个 LCA 框架下的分值（47%、47%、53.5%，57.5%、53%、57.5%，44.5%、44.5%、58.5%），大体呈上升趋势（图 7-21），即 FLCA 曲线平均较高，其次是 PLCA，TLCA 曲线最低。工厂优化硼酸制取全过程可以使其对资源环境影响得到减缓，单一硼酸工艺开发硼镁资源造成的资源消耗及环境污染是最为严重的。对比图 7-21 表明，构建基于硼酸制取全过程开发的硼酸循环产业闭环链条，打造循环经济产业园区是重要发展方向。而三种硼酸制取方法起初 PLCA 得分较高，原因在于目前对于产品生命周期评价分析成为热点，更多关注硼酸产品生产过程的管理，对以硼酸产品生产过程及其配套辅助过程为主体推动的全过程生命周期影响评价缺乏应有的研究和探讨。这一点也是包括硼工业在内的其他过程工业生产过程生命周期环境影响评价亟须深入挖掘和探索的现实命题。此外，造成 TLCA 得分偏低、硫酸法及碳氨法 PLCA 与 TLCA 指标点持平的主要原因在于工艺过程的生命周期分析受到单一硼砂产品生命周期评价的关联性影响所致，人们思维认知也存在局限性，一般认为只要搞清楚循环经济产业链条，并付诸实施就基本可以实现预定目标，但资源环境是社会经济发展的要素之一，要综合考虑并兼顾社会经济发展，来筹划资源环境管理工作。因此，硼砂制取生产过程生命周期影响要更侧重考虑工厂层面或区域社会经济与资源环境兼顾层面，这也是 FLCA 分值较高的重要依据，这也是包括硼酸制取在内化工过程工业的典型特点。

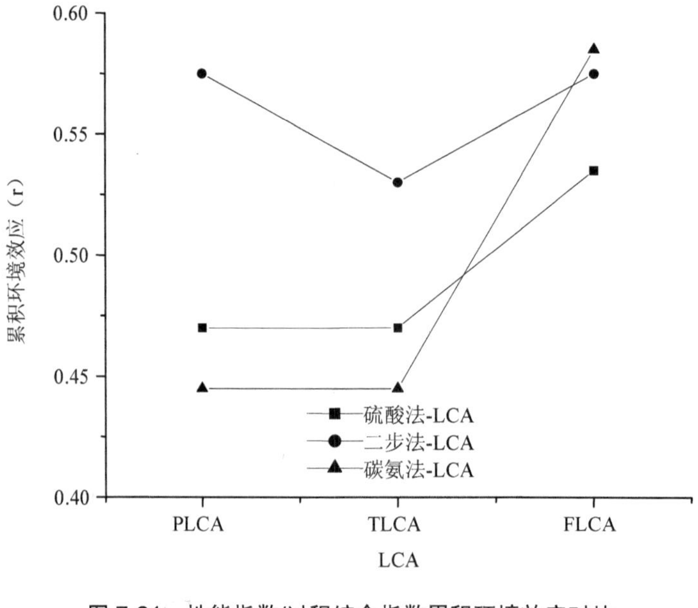

图 7-21　性能指数/过程综合指数累积环境效应对比

而作为过程综合指数 N 依据等权重计算分为 49.17%、56%、49.17%来说，硫酸法与碳碱法资源消耗与环境影响大体一致，二步法得分偏高，这说明二步法兼顾了传统硫酸一步法的技术工艺，尤其对母液综合利用进行了全面分析，因此，建立在 LCA 三框架分析基础上二步法制取硼酸过程对于构建相应工业生态园更具优势与现实可行性。

此外，硼工业属于化工行业，国家相关部门在化工行业节能减排、资源环境保护以及安全生产等政策方面都给予了较大关注和支持力度，这给硼工业发展带来极大机遇和创新空间。辽宁省具有丰富的硼资源，地方政府相关部门对这方面也非常重视，先后出台了相关硼行业发展的重要举措，尤其在资源环境保护方面。以二步法技术路径为特色优势的 LCA 三框架资源环境影响分析，使二步法重新被强调与认可。当然，二步法也借鉴了传统硫酸一步法技术优势，尤其是在硫酸法母液循环利用关键性技术上得到突破，为二步法应用奠基。沿着这样一个思路，我们认为，国家大力推进“节能减排”工作、加快经济结构优化升级对于硼酸乃至整个硼行业是一个机遇。抓住这次时机，硼酸治理企业可以转变长期以来粗放型的增长方式，推动技术进步，提高技术装备。目前，硼行业的污染和能耗相比钢铁、水泥、火电等来说小一些，多年的发展也积累了硼酸清洁生产技术及实践经验。所以我们在积极建设以二步法关键性技术为主线的硼砂制取工业生态园进程中，更应将硫酸法及碳氨法融合集成创新，支持硼行业循环经济发展，调整硼酸制取过程中涉硼行业的产品结构，从而实现技术上的优势互补，这样更有利于硼酸制取过程行业的工业生态园的建设及完善，从而推动硼行业区域经济与环境保护的和谐发展。

7.4 应引起重视的几个关键性技术问题

7.4.1 选矿工艺预处理的重要性

硼铁矿自发现后，原化工部、冶金部、核工业部、地矿部等数十个研究单位进行过选矿分析研究，但最终结果难以达到较满意的硼矿富集品位。随着选矿技术的不断进步，选矿工艺将在硼铁矿过程开发进程中逐渐加大作用，因为选矿作业作为矿石原料预处理的环节是必需的。硼铁矿加工提取，应当推行精料政策，在选矿成本上应处于 70～100 元/t 范围内。例如，对辽吉区域硼镁铁矿应考虑对边界品位 8%B_2O_3 以下的矿进行选择；对西藏阿里地区硼镁矿采取脱除结晶水提高品位，青海大柴旦矿区对柱硼镁石进行选矿预处理，这些做法都取得了较好的效果。而东北大学火法分离技术及大连理工大学化工学院的湿法分离技术都是基于选矿预处理环节之上。尤其值得指出的是，有关人员经对硼铁矿诸多选矿技术分析认为，获得高品位铁精矿和硼精矿的选矿分离工艺是硼铁矿资源开发的主要研究方向。

7.4.2 选矿、冶金及材料等多工艺一体化

国内在硼铁矿资源利用方面虽然取得了一定成绩，但与发展循环经济政策的要求相比，仍然存在诸多缺陷：①硼铁矿资源综合利用机制不灵活，与市场经济模式相比存在很大的信息滞后性。②对硼铁矿资源开发全流程中共（伴）生组分综合评价不够，造成资源在加工过程中流失严重。目前我国硼资源综合利用的科研力量还很薄弱，研究的深度和广度也不够。传统的涉硼机构主要是东北地区、青藏地区等科研院所，机构分散，装备落

后，而且企业尚不能参加到开发过程中来，造成后续硼资源开发资金短缺。辽宁省在硼资源“十一五”规划中就已注意到了相关问题。③关键性技术“瓶颈”成为硼资源开发利用的障碍性因素。④硼铁矿资源开发利用产业链过短，表现为硼铁矿过程开发没有从开采、加工和利用的全流程，从系统工程的高度，从资源—环境—经济—社会维度进行集成优化控制整体化利用。⑤硼铁矿过程开发全流程中，由于缺乏工业代谢的分析，造成较大的环境污染。在目前的硼铁矿过程开发生产体系中，硼资源基本上是一种单向流动，即人们从自然界中索取大量硼资源，在满足人们生产生活需求后，又将大量的废物和污染物排放到环境中。虽然在化工生产中存在部分物质的循环利用，但比例相对很小。硼铁矿资源的环境问题涉及硼铁矿开采、加工、储运和使用的全流程，而且硼资源环境问题的产生是一个多环节、多因素的复杂过程。造成以上问题的主要原因有以下三个：

（1）未形成有效的硼资源开发基础理论体系来指导工艺开发。在这种情况下，多年来只注重选矿、冶炼技术开发，缺乏系统的、更加深入的基础理论研究，造成选冶技术创新明显不足。

（2）一直延续硼矿产资源选冶提取的老思路，难以打破传统观念和理论。

（3）单一追求硼资源开采的经济效益，忽视了保护性开发，造成资源利用率低，环境污染大。

解决以上问题的关键是针对我国资源特点和存在的问题，进行创新性基础理论和应用研究，走出一条选矿、冶金及材料等多工艺一体化的选冶技术新道路。

7.4.3　硼泥的综合利用问题

硼泥已成为数量巨大的二次资源，若不充分利用，不仅是一种浪费，而且大量堆积占用耕地，污染环境。在发展硼资源开发循环经济思路下，寻找硼泥资源化利用的路径，如何研究开发硼泥资源化技术，开发高附加值的产品（材料）已经成为制约行业发展循环经济的“硬障碍”，即“瓶颈”问题。许多行业的资源化技术仅仅停留在理论探讨或实验室层面，尚未经过扩大化试验、工业化试验的系列环节，更别提产业化了，而产业化是资源开发的最终目标。问题需要逐个环节地去解决，作为首要环节，一些硼泥的资源化技术已经具备了走出实验室，迈向产业化的可行性条件。目前，国内外对硼泥综合利用的探讨在诸多方面取得了许多科研成果，但硼泥污染的现象仍然存在，这主要是由于各类硼泥综合利用技术较少应用于实际，工业化程度较低。要想解决硼泥污染，最好的办法是减少硼泥的排放量，其次是开发附加值高的硼泥新产品，并尽快用于实际。在这个方面，中国科学院研发的硼泥综合利用项目以及辽宁科技学院等单位研究的相转移催化技术等突破了技术“瓶颈”，而且即将实现产业化，很具有典型性。当前，我们应该将硼泥综合利用的现有技术广泛推广，实现硼泥的资源化、无害化、产业化，尤其是在循环经济政策下，发展以硼资源关键性技术的静脉产业链条为契机，从硼资源重要利用途径来遏止并有效解决硼泥污染问题。

通过构建硼铁矿过程工业生态园，实现硼铁矿资源发展循环经济的要求，进而实现辽东翁泉沟硼铁矿区的可持续发展，更深入地推动这个区域的循环经济。值得强调的一点是，发展硼行业工业生态园最重要的就是关键性链接技术的开发，因此全面掌握涉硼企业的工艺技术并进行合理的生态化技术改造或更新已成为当前乃至今后进行硼行业工业生态园构建首先需要跨越的平台。此外，要以硼铁矿过程工业生态园的构建及完善为切入点，带动了辽东翁泉沟硼铁矿过程开发的产业提升幅度，将生产过程的各个环节联系到一起，形成一个具有统一目标的生态和经济体系，从而推动硼铁矿特色资源的产业整合与提升，实现行业可持续发展。

7.5　本章小结

将 PISEA 理论体系引入模拟构建的硼铁矿行业工业生态园规划设计的资源环境影响分析过程中，一方面可以强化 PISEA 相关方法的有效性，另一方面可以全面识别整个工业生态园规划设计中产业链条的资源、环境及生态制约因素，推动工业生态系统的建立、运行。

（1）分析了 PISEA 与工业生态园规划之间的关系，确立了生态化设计原则在硼行业工业生态园规划设计中的作用，确定了环境影响评价的项目、区域及战略等层次（尺度）发展“三位一体”的演变性。在这个基础上提出了硼铁矿开发过程工业生态园的粗略框架。

（2）对硼铁矿的火法分离技术路线进行环境识别，涉及整个分离过程的上游及下游技术链条所显示的资源环境状况；从 PLCA、TLCA、FLCA 多维度分析评价硼铁矿火法分离过程的资源环境状况；提出了硼铁矿的火法分离过程资源化利用的系列建议。

（3）对硼铁矿开发的湿法与火法两种分离过程的资源消耗及环境影响进行分析评价。研究表明，湿法针对高品位硼铁矿以及含铀量较高的硼铁矿资源矿山更适用，而从硼铁矿现实情况看，大多属于低品位，火法会更适合。因此，建立在湿法与火法技术主体进程基础上的硼铁矿工业生态园的构建具有一定程度上的技术适宜性与时段性，需要逐步推进，但其最终目的在于实现硼铁矿工业生态园建设的可操作性。

（4）对碳碱法制取硼砂的技术路线进行了环境层面的技术演变路径识别，并对其进行累积环境效应评价。研究表明，该项不成熟的试探性研究能对化工过程其他行业工业生态园的建设进程起到一定程度的示范与带动作用，从而为后期行业环境规划提供相应层面的技术建构与潜在发展空间。

（5）对加压碱解法与碳碱法制取硼砂过程进行了环境影响特性对比及累积环境效应评价；加压碱解法与碳碱法各个累积环境效应曲线情况的对比表明，建立在碳碱法技术基础上的硼砂制取过程的工业生态园更值得推动与开拓，当然不能忽视两种方法的相互融合集成。

（6）对硫酸法、二步法和碳氨法制取硼酸的技术路线进行环境影响特性对比，并进行累积环境效应评价对比；通过三种方法各个累积环境效应曲线情况的对比表明，以二步法为主，兼顾碳氨法和硫酸法的技术发展思路，符合发展硼酸工业循环经济的需要；以产品生命周期评价（PLCA）、工艺生命周期评价（TLCA）和工厂生命周期评价（FLCA）为基础的分析框架，可全方位、多层次地评估硼酸生产过程中累积环境效应，其中以工厂生命周期评价角度的评估结果更有利于硼酸工业的节能环保。

（7）指明了硼铁矿过程工业生态园规划进程中应引起重视的几个关键性技术问题，具体包括选矿工艺预处理的重要性；选矿、冶金及材料等多工艺一体化及硼泥的综合利用等。

第 8 章　结论与展望

8.1　结论

过程工业战略环境评价是国家生态安全的重要基石，本书将战略环境评价引入过程工业行业中来，从决策源头及全过程层面来管控行业综合环境管理问题，使其成为实现行业可持续发展的技术平台和制度化路径。在此基础上，针对过程工业行业的环境管理现状，对 PISEA 理论基础、发生机理、方法体系及具体行业实践进行了系统性、探索性研究。主要结论如下：

8.1.1　依据耗散结构及工业生态学理论为主体基础的多学科群落，架构了 PISEA 理论基础

（1）PISEA 理论基础涉足多学科，具体包括耗散结构理论、工业生态学理论、技术哲学、政策科学、环境管理科学等。研究表明，实现多学科融合集成能较好地架构 PISEA 理论基础。

（2）从技术哲学视角阐释了 PISEA 的本质属性。研究表明，PISEA 属于技术哲学视角中的社会技术范畴，其本质属性包括主客二分性、目的及标准、内容及方法等层面。在这个基础上，提出了 PISEA 应遵循的几项原

则。研究表明，本质属性与原则的提出为 PISEA 后续研究提供了理论逻辑点。

8.1.2 通过对过程工业（硼行业）科研机构和企事业单位的调研以及文献资料的查阅，对硼行业整体发展战略有了一个比较全面的认识，为 PISEA 后续研究开展提供了行业参考背景

（1）对中国硼资源开发状况、硼资源开发全流程的关键性技术、硼泥资源化利用途径以及发展硼行业生态工业的方向性路径等系列问题进行了全面的、系统的评价。

（2）分析了硼行业开发的环境问题，包括硼资源开发全流程的综合利用及生态环境问题，同时指出了发展硼行业生态工业的应对策略是破解硼资源开发战略困境的有效途径。

（3）后续研究表明，对中国硼行业开发战略现实状况的分析，为 PISEA 研究提供了实践检验与应用的平台。

8.1.3 在联系过程工业行业实际情况的基础上，以耗散结构理论及工业生态学理论等多学科理论方法为出发点，探讨了 PISEA 发生机理相关问题

（1）提出了过程工业开发系统这一过程工业战略环境评价特有的基本原始概念，指明了其生态化转向的必然性及稳定性条件，拓展出对过程工业开发生态系统特征的探讨。进一步表明了过程工业行业（部门）环境管理的决策手段和规划手段具有多尺度特点。

（2）对过程工业开发战略概念、类型及其环境影响发生机理进行了探索性研究。研究表明，过程工业开发战略行为环境影响发生机理主要在影

响来源、途径及受纳体三个层面，同时指出了开发战略全过程与技术因素、环境因素相互作用的发生机制是进一步研究的切入点。

8.1.4 在全面分析过程工业微观环境管理及宏观公共政策基础上，建构了多元分析维度的 PISEA 方法论体系及技术架构

（1）研究表明，PISEA 决策一体化理念的方法论跨越传统战略环境评价的单维程序化的分析思路框架，建构了多元分析维度的架构，将评价过程与行业战略制定过程融为一体，适应了过程工业行业实践应用的特殊性。

（2）方法学框架指导下的技术架构包括现状、回顾及预测等循环反馈环节。其遵循了 PISEA 的基本原则；实现了过程工业开发生态化发展趋势的对接，体现了过程工业开发系统生态化的内在要求及调控机理。

（3）研究表明，PISEA 关键技术提炼出的过程工业开发战略环境现状评价的三个衡量指标具有较强的实践可操作性；过程工业开发战略回顾评价将工业生态学的评价模型进行修正，并整合到过程工业开发全过程累积环境效应分析中，表明了修正模型的现实可行性；过程工业开发战略的动力流环境影响评价汲取了决策一体化理念方法论的特点，对开辟多学科研究具有一定的借鉴性；社会经济文化系统影响评价中强化了文化层面的指标阐释，在环境影响评价日趋综合化的情境下，环境文化必须引起注意；过程工业开发战略环境风险评价对于过程工业开发的风险危机管理指明了方向。此外，过程工业开发战略替代方案及决策支持评价技术强调借鉴多种方法的融合集成，适应了战略环境评价的未来发展趋势。

8.1.5 对辽东硼铁矿开发过程进行 PISEA 探索性研究

（1）以辽东硼铁矿开发过程作为探索性研究对象的实例表明，拓宽环境影响评价的研究对象，进行过程工业开发的大尺度的 PISEA 研究，从源头和全过程视角优化过程工业的清洁开发，可以前瞻性地考虑在硼铁矿过程开发整个生命周期中可能存在的环境影响；同时这对于相应的资源化利用及进一步完善环境管理管制、丰富 PISEA 的理论构建及实践探索具有较强现实意义。

（2）实证分析表明，开展相应行业的 PISEA 研究，一方面可以更好地使行业决策层从宏观层面掌控行业的环境影响因素；另一方面指明了建设行业工业生态园方向性的重要性。

8.1.6 将 PISEA 应用到模拟构建的硼行业工业生态园规划设计进程中

确定了环境影响评价的项目、区域及战略等层次（尺度）发展的“三位一体”的演变性。其作用在于一方面可以强化 PISEA 相关方法的有效性，另一方面可以全面识别整个工业生态园规划设计中产业链条的资源、环境及生态制约因素，推动工业生态系统的建立和运行。

（1）强调了 PISEA 理论体系中的生态化设计原则，从而搭建了硼铁矿过程工业生态园粗略框架。研究表明，该生态园包括多条产业（技术链条），即火法（湿法）分离技术、硼砂制取技术及硼酸制取技术等。

（2）对产业链中的硼铁矿开发湿法（火法）分离过程路径进行了累积环境效应评价。研究表明，湿法针对高品位硼铁矿以及含铀量较高的硼铁矿资源矿山更适用，而从硼铁矿现实情况看，大多属于低品位，火法会更适合。因此，建立在湿法与火法技术主体进程基础上的硼铁矿工业生态园的构建具有一定程度的技术适宜性与时段性，需要逐步推进，但其最终目的在于实现硼铁矿工业生态园建设的可操作性。

（3）对产业链中的硼砂制取过程（加压碱解法与碳碱法）路径进行了累积环境效应评价对比。研究表明，一方面，建立在碳碱法技术基础上的硼砂制取过程的工业生态园更值得推动与开拓，尤其不能忽视两种方法的相互融合集成；另一方面，该项不成熟的试探性研究能对化工过程其他行业工业生态园的建设进程起到一定程度的示范与带动作用，从而为后期行业环境规划提供相应层面的技术建构与潜在发展空间。

（4）对产业链中的硼酸制取过程（硫酸法、二步法及碳氨法）路径进行了累积环境效应评价对比。研究表明，以二步法为主，兼顾碳铵法和硫酸法的技术发展思路，符合发展硼酸工业循环经济的需要；以产品生命周期评价（PLCA）、工艺生命周期评价（TLCA）和工厂生命周期评价（FLCA）为基础的分析框架，可全方位、多层次地评估硼酸生产过程中累积环境效应，其中从工厂生命周期评价角度进行评估的结果更有利于硼酸工业的节能环保。

（5）指明了硼铁矿过程工业生态园规划进程中应引起重视的几个关键性技术问题，包括选矿工艺预处理的重要性；选矿、冶金及材料等多工艺一体化及硼泥的综合利用问题等，这对于硼铁矿过程工业生态园规划进程产业链条的完善具有重要指导意义。

8.2　展望

从国家生态安全角度看，战略环境评价在过程工业行业的应用管理研究都还是全新的领域，存在非常大的研究空间。本书试图对过程工业行业的宏观管理进行的探讨不过是“冰山一角”。现列出本书认为需要进一步努力的研究内容，以期后续研究参考。

8.2.1 在评价的一些具体方法上还需要进一步深入研究

如何将循环经济理念方法引入 PISEA 的机理分析及方法论体系中应成为下一步的工作着力点；动力“流”态中定量指标多学科支撑的剖析研究；鉴于战略环境风险评价中引入工业生态学的风险原理实际操作性差，考虑是否可将战略环境风险评价引入应急（危机预警、诊断）管理的范式视角的维度分析。

8.2.2 PISEA 体系需要在实践中检验

由于时间限制等方面的原因，本书所构建的内容框架和方法体系未能在实证分析中完全应用，还需要在日后的实践中进一步检验。将 PISEA 应用到一些已有成熟过程工业（如钢铁、铝冶金及水泥等）行业战略及其环境影响效应的典型分析及表征中，从而更好地说明 PISEA 的可行性和普适意义。

参考文献

[1] 习近平. 2019-03-12. 坚持总体国家安全观 走中国特色国家安全道路[EB/OL]. http://cpc. people. com. cn/n/2014/0415/c64094-24899781. html.

[2] 习近平. 2020-04-14. 习近平谈总体国家安全：把生物安全纳入国家安全体系[EB/OL]. http://china. chinadaily. com. cn/a/202004/14/WS5e95c94ba310c00b73c7709f. html.

[3] 高吉喜. 2015-12-15. 生态安全是国家安全的重要组成部分[EB/OL]. http://china. chinadaily. com. cn/shizheng/2015-12/15/content_22781260. htm.

[4] 蔡玉梅，李天威，王昊. 中国和欧盟土地利用规划环境影响评价对比研究[J]. 地理科学进展，2008，27（2）：75-77.

[5] Li X. A review of the international researches on land use/land cover change[J]. Acta Geographica Sinice，1996，51（6）：551-557.

[6] William Kennedy，Alexander Haumer. OECD/ECMT conference on strategic environmental assessment for transport[A]. Jansson A. Transport SEA：a nordic perspective[C]. Warsaw：OECD/ECMT，1999，10（10）：14-15.

[7] 徐鹤，朱坦，贾纯荣. 战略环境影响评价（SEA）在中国的开展——区域环境评价（REA）[J]. 城市环境与城市生态，2000，13（3）：4-6.

[8] 王华东，姚应山. 区域环境影响评价有关问题的探讨[J]. 中国环境科学，1991，11（5）：392-395.

[9] Charpentier J C，McKenna T F. Managing complex systems：some trends for the future

of chemical and process engineering[J]. Chemical Engineering Science，2004，59（8-9）：1617-1640.

[10] Kwauk M，Li J H. Scale and structure in chemical engineering[J]. Chemical Engineering Research & Design，2002，80（A7）：699-700.

[11] 杨友麒，成思危. 过程系统工程面临的挑战和发展趋势[J]. 化工进展，2002，21（8）：527-531.

[12] 刘然，薛向欣，姜涛，等. 硼铁矿综合利用概况与展望[J]. 矿产综合利用，2006（2）：33-36.

[13] 张懿. 绿色过程工程[J]. 过程工程学报，2001，1（1）：10-12.

[14] 新华社. 2007-11-04. 环保总局在重点地区行业开展战略环评试点[EB/OL]. www. china. com. cn/news/txt/2007-11/04/content_9172181. html.

[15] 王岩. 矿产资源型产业循环经济发展[M]. 北京：经济科学出版社，2008：22-27.

[16] 刘超，李俊岭，许志宏，等. 21 世纪能源、环境与过程工程探讨[J]. 化工进展，2002，21（1）：14.

[17] 彭应登. 区域开发环境影响评价[M]. 北京：中国环境科学出版社，1999：1，13，67-68，17.

[18] 温东辉，陈吕军，赵华林，等. 鼓励型工业污染预防政策的理论与实践[M]. 北京：中国环境科学出版社，2003：10.

[19] 朱坦. 战略环境评价[M]. 天津：南开大学出版社，2005：21-22.

[20] Chen C C，Chen Y T. Income effect or policy result：a test of the environmental Kuznets Curve[J]. Journal of Cleaner Production，2008，16（1）：59-65.

[21] Clayton B D，Sadler B. 战略环境评价：国际实践与经验[M]. 北京：化学工业出版社，2007：7，9，18，46，51，63，93-94，151-152，226.

[22] Bina O. A critical review of the dominant lines of argumentation on the need for strategic environmental assessment[J]. Environmental Impact Assessment Review，

2003（27）：585-606.

[23] Modak P，Biswas A. 发展中国家的环境影响评价[M]. 北京：中国林业出版社，2002：149-153.

[24] 李爱贞. 环境影响评价实用技术指南[M]. 北京：机械工业出版社，2004：607.

[25] Dalkmann H，Herrera R J. Analytical strategic environmental assessment（ANSEA）developing a new approach to SEA[J]. Environmental Impact Assessment Review，2004（24）：385-402.

[26] Thomas B F. 战略环境评价理论与实践迈向系统化[M]. 北京：科学出版社，2008：94，98，75，75-76，78.

[27] 李天威，李巍. 政策层面战略环境评价理论方法与实践经验[M]. 北京：科学出版社，2008：201-205，213，229-233，243.

[28] 贾彩霞. 德国景观规划之印象[J]. 山西建筑，2007，33（17）：46.

[29] 国外道路标准规范编译组编译. 国外交通规划战略环评法规及实施指南[M]. 北京：人民交通出版社，2006：5，7.

[30] 蔡玉梅，张晓玲，张文新. 英国战略环境影响评价进展与启示[J]. 广东土地科学，2006，5（6）：26-30.

[31] 张凯，仟丽军. 山东省战略环境评价方法与应用研究[M]. 北京：科学出版社，2005：9，6，12.

[32] 赵杰. 欧美国家规划层次上的战略环境评价的理论与实践[J]. 城市环境与城市生态，2006，19（5）：45.

[33] 李洋，李书绅. 加拿大战略环境评价的经验及启示[J]. 辐射防护通讯，2002，22（1）：34.

[34] 唐黎标. 新西兰环保之路[J]. 绿化与生活，2006（5）：43.

[35] Therivel R. 环境影响评价导论[M]. 北京：化学工业出版社，2007：229.

[36] 朱红耕. 南非的环境保护[J]. 世界环境，1997（3）：37.

[37] 林健枝. 香港环境影响评价的公众参与及咨询工作[J]. 中国环境科学，2000，20：23-24.
[38] Lee N，Walsh F. Strategic environmental assessment：an overview[J]. Project Appraisal，1992，7（3）：126-136.
[39] 中国21世纪议程编制领导小组. 中国21世纪议程——中国21世纪人口、环境与发展白皮书[M]. 北京：中国环境科学出版社，1994：11-112.
[40] 中科院生态环境研究中心. 2008-01-07. 国家外贸政策战略环境评价研究[EB/OL]. http://www. cas. ac. cn/10000/10007/10003/2008/118375. html.
[41] 朱坦，吴婧. 当前规划环境影响评价遇到的问题和几点建议[J]. 环境保护，2005，33（4）：50-53.
[42] 陈家镛，杨守志. 过程工业与清洁生产[M]. 北京：清华大学出版社，2004：9，13-14，20.
[43] 马克斯·韦伯. 社会科学方法论[M]. 北京：中央编译出版社，2005：18.
[44] 金涌. 生态工业：原理与应用[M]. 北京：清华大学出版社，2003：121-124.
[45] Anastas P T，Warner J C. Green chemistry：theory and practice[M]. Washington：University of Washington Press，1998：22-58.
[46] 张妍，尚金城，陈冲. 浅析绿色制造的战略环境评价[J]. 环境科学与技术，2002，25（2）：25-26.
[47] 郝岩，李文菲，陈冲，等. 绿色制造战略环境评价（SEA）初探[J]. 农业与技术，2004，24（3）：156.
[48] 彭少方，张昭. 线性和非线性非平衡态热力学进展和应用[M]. 北京：化学工业出版社，2006：14，58-59.
[49] 李如生. 非平衡态热力学和耗散结构[M]. 北京：清华大学出版社，1986：45-49.
[50] 王迪云. 旅游耗散结构系统开发理论与实践[M]. 北京：中国市场出版社，2006：21.
[51] 徐国宾. 非平衡态热力学理论在河流动力学领域中的应用[D]. 天津：天津大学，

2002：35.

[52] Frosch，Robert A，Nicholas E. Strategies for manufacturing[J]. Scientific American，1989，261（3）：94-102.

[53] 方一平，周后珍. 生态产业园区：可持续发展的社区实践[M]. 北京：科学出版社，2008：6，33-34.

[54] Engberg H. Industrial symbiosis in denmark[M]. New York：New York Univ Stern Sch Bus Press，1993：25-24.

[55] Ayres R U，Ayres L W. Industrial ecology：towards closing the materials cycle[M]. Cheltenham：Edward Elgar Publishing Limited，2002：79-90.

[56] Xu M，Zhang T Z. Material flows and economic growth in developing China[J]. Journal of Industrial Ecology，2007，11（1）：121-140.

[57] Lu Z W. Tracing methodology for substance flow analysis[J]. China Engineering Science，2006，8（1）：18-25.

[58] 袁宝荣，聂祚仁，狄向华. 乙烯生产的生命周期评价（Ⅱ）影响评价与结果解释[J]. 化工进展，2006，25（4）：432-433.

[59] 王兆华，尹建华. 生态工业园中工业共生网络运作模式研究[J]. 中国软科学，2005（2）：82-85.

[60] 田鹏颖，陈凡. 社会技术哲学引论：从社会科学到社会技术[M]. 沈阳：东北大学出版社，2003：19-22.

[61] 教育部社政司组编. 自然辩证法概论[M]. 北京：高等教育出版社，2004：240-244.

[62] 殷登祥. 科学、技术与社会概论[M]. 广州：广东教育出版社，2007：323-324.

[63] 陈振明. 政策科学[M]. 北京：中国人民大学出版社，1998：35.

[64] 叶文虎. 环境管理学[M]. 北京：高等教育出版社，2000：15，17-34.

[65] 葛察忠，王金南. 利用市场手段削减污染：排污收费、环境税和排污交易[J]. 经济研究参考，2001（2）：28-35.

[66] 田良. 环境影响评价研究：从技术方法、管理制度到社会过程[M]. 兰州：兰州大学出版社，2004：160-161.

[67] 尚金城，包存宽. 战略环境评价导论[M]. 北京：科学出版社，2003：26-28，2，111-112，75-76.

[68] 余谋昌. 自然价值论[M]. 西安：陕西人民教育出版社，2003：63-65.

[69] 马克思，恩格斯. 马克思恩格斯全集（第 42 卷）[M]. 北京：人民出版社，1979：128.

[70] Sorensen J，West N. 沿海环境影响评价指南[M]. 北京：海洋出版社，1997：22-23，94-95.

[71] 赵鸿. 我国硼矿床的类型及工业利用[D]. 北京：中国地质大学（北京），2007：35-39.

[72] 国土资源部信息中心. 世界矿产资源年评[M]. 北京：地质出版社，2002：221-223.

[73] 朱训. 中国矿情（第三卷 非金属矿产）[M]. 北京：科学出版社，1999：266，273，287-288.

[74] 王斐. 钠硼解石矿制备硼酸钙的研究[D]. 大连：大连理工大学，2007：23-25.

[75] 刘然，薛向欣，刘欣，等. 我国硼资源加工工艺与硼材料应用进展[J]. 硅酸盐通报，2006，25（6）：102-103.

[76] 李文智，郑锦平，赵元艺. 西藏硼镁矿开发应用现状与建议[J]. 资源产业，2004，6（5）：33-37.

[77] 龚殿婷，刘湘倩，李凤华，等. 硼砂酸化法制备硼酸过程中影响因素的研究[J]. 硅酸盐通报，2008，27（5）：1052.

[78] 侯军. 青藏地区钠硼解石复合矿制取硼砂中间试验[J]. 化工矿物与加工，2004（8）：18-19.

[79] 张建良，蔡海涛. 低品位硼铁矿中硼的富集[J]. 北京科技大学学报，2009，31（1）：36-40.

[80] 周哲，刘征，李有润，等. 系统集成方法在磷煤化工生态工业示范基地规划中的

应用[J]. 现代化工，2005，25（s1）：1-2.

[81] 段宁，孙启宏，傅泽强，等. 我国制糖（甘蔗）生态工业模式及典型案例分析[J]. 环境科学研究，2004，17（4）：29-30.

[82] 王国宏，方正东. 由西藏天然硼砂矿提取硼砂的工艺研究[J]. 海湖盐与化工，2002，32（4）：5-7.

[83] 孙新华，欧秀芹，庄福成. 由西藏硼镁矿制取硼砂的工艺研究[J]. 无机盐工业，1999，31（6）：10-11.

[84] 郭光远. 钠硼解石复合矿制取硼砂新工艺中试研究[J]. 化学工程师，2005（3）：58-59.

[85] 朱建华，魏新明，马淑芬，等. 硼资源及其加工利用技术进展[J]. 现代化工，2005，25（6）：26-31.

[86] 曹吉林，白鹏，谢英惠. 硫酸中和硼砂制硼酸新工艺研究[J]. 河北工业大学学报，2000，29（5）：37-40.

[87] 张亨. 硼酸锌的性质、生产及阻燃应用[J]. 合成材料老化与应用，2002（4）：39-42.

[88] 李玉玲，景晓燕，董国君，等. 阻然剂硼酸锌的合成[J]. 应用科技，2000，27（11）：27.

[89] 胡志荣. 无机阻燃剂超细硼酸锌的制备研究[D]. 广州：广东工业大学，2003：12-17.

[90] 孙新华. 硼酸铝晶须的应用和制备[J]. 化工新型材料，1998（4）：33-35.

[91] 陈若愚，王国平，刘小华. 硼酸铝晶须的制备和表征[J]. 化工矿物与加工，2002（8）：10.

[92] 左传凤. 水合硼酸钙的合成及其热化学研究[D]. 西安：陕西师范大学，2005：10-12.

[93] 王凯，于天明，仲剑初. 由硼砂和消石灰制备偏硼酸钙[J]. 无机盐工业，2009，41（4）：31-32.

[94] 李杰，刘艳丽，刘素兰，等. 低品位硼镁矿制备硼酸及回收硫酸镁的研究[J]. 矿产综合利用，2009（1）：3-7.
[95] 郭丽芬. 超细无定形硼粉的湿法提纯与工业化[D]. 沈阳：东北大学，2005：5-10.
[96] 罗玉萍，王少辉. 硼泥的综合利用[J]. 企业管理，1995（2）：40-41.
[97] 罗玉萍，王立久. 硼泥耐火材料的研究[J]. 耐火材料，1994，28（6）：331-335.
[98] 葛旭东. 硼泥的综合回收及氧化镁的制备[D]. 长春：吉林大学，2007：5-10.
[99] 刘玉麒. 用硼镁泥制取轻质碳酸镁[J]. 化学研究与应用，1994，6（2）：108.
[100] 李刚，任学峰，刘素兰，等. 硼泥基烧结砖工艺实验研究[J]. 沈阳建筑大学学报（自然科学版），2006，22（5）：764.
[101] 孙博. 从硼泥制取阻燃级氢氧化镁的研究[D]. 大连：大连理工大学，2007：40-42.
[102] 吴荣良，黄颂安，汪瑾，等. 从硼泥制取氢氧化镁阻燃剂[J]. 上海化工，21（3）：1-5.
[103] 吴龙川，柯水洲，洪俊明，等. 含油废水处理技术的研究进展[J]. 工业水处理，2007，27（8）：4-6.
[104] 吕福荣，裴婕，刘艳. 硼泥处理电镀废水中铬（VI）的研究[J]. 大连大学学报，2000，21（6）：43-46.
[105] 单晓琳，韩基超，王铁军，等. 硼泥复合混凝剂处理豆制品废水的研究[J]. 辽宁大学学报（自然科学版），2002，29（1）：64-67.
[106] 吴敦虎，陈顺祥，姜连斌，等. 硼泥复合混凝剂处理铸钢废水的研究[J]. 环境与开发，1998，13（4）：24-26.
[107] 吴敦虎，端允，王新慧，等. 硼泥复合混凝剂处理浴池下水的研究[J]. 环境保护，2000，28（5）：15-17.
[108] 王丕林. 用硼砂厂废弃硼泥制造砖瓦[J]. 辽宁城乡环境科技，1997，17（1）：73-74.
[109] 陈德龙，周虹，周国文，等. 硼泥在混合砂浆中的应用[J]. 沈阳建筑工程学院学报，1996，12（3）：325-329.

[110] 范广权. 硼泥球团矿和烧结矿的高炉冶炼[J]. 炼铁，1994（1）：29-30.

[111] 孙彤. 硼泥综合利用概况与展望[J]. 辽宁工学院学报，2004，24（4）：45-48.

[112] 莫叔迟，李恩波，李文恕. 用硼泥作熔剂冶炼锰硅合金的实践[J]. 铁合金，1997（3）：24-26.

[113] 齐宏均，李新，孟宪国，等. 硼泥生产橡塑填充剂及其利用[J]. 化学工程师，1995（46）：53.

[114] 颜峰. 基于硼泥制备泡沫玻璃和泡沫玻璃锦砖的研究[D]. 大连：大连理工大学，2008：22-28.

[115] 史培阳，姜茂发，刘承军，等. 用铁尾矿、硼泥和粉煤灰制备微晶玻璃[J]. 钢铁研究学报，2005，17（5）：22.

[116] 陈从喜. 在国土资源领域推动循环经济发展的思考[J]. 国土资源情报，2005（9）：28-32.

[117] 马丽雅. 循环经济：柴达木的新选择[N]. 中国信息报，2006-05-17.

[118] 张沉. 潘岳：绿色中国试验者[N]. 经济观察报，2006-12-31.

[119] 程会强. 2006-11-24. 发展循环经济的动力机制[EB/OL]. http://www. boaoform. org/CPF/News_Showcontent. asp？Seq=2005000664html.

[120] 陈昌曙. 技术哲学引论[M]. 北京：科学出版社，1999：92-100.

[121] 张明青，刘炯天，韩宝平，等. 选煤系统的耗散结构特征[J]. 中国矿业大学学报，2005，34（6）：737.

[122] 卞正富，张国良. 矿区复垦土地生产力的耗散结构模型[J]. 煤炭学报，1998，23（6）：663-666.

[123] 张锁江. 过程工业的绿色化与信息化[J]. 中国科学基金，2004（6）：336.

[124] 方创琳，杨玉梅. 城市化与生态环境交互耦合系统的基本定律[J]. 干旱区地理，2006，29（1）：1-5.

[125] 殷瑞钰. 冶金流程工程学[M]. 北京：冶金工业出版社，2004：12，57-60.

[126] 肖忠东，孙林岩．工业生态制造[M]．西安：西安交通大学出版社，2003：250，253.

[127] 甘华鸣．战略管理速成[M]．北京：企业管理出版社，2001：3，5.

[128] 应勤俭．企业战略[M]．上海：上海财经大学出版社，2002：3，4.

[129] 于光远．关于“战略”的概念[J]．管理现代化，1982（4）：4.

[130] Therivel R. 战略环境评价实践[M]．北京：化学工业出版社，2005：5，50-53，35，70-71.

[131] Foucault M. Politics，philosophy，culture[M]. London：Routledge Press，1994：34.

[132] 张国庆．公共政策分析[M]．上海：复旦大学出版社，2004：239.

[133] 布鲁斯·米切尔．资源与环境管理[M]．蔡运龙，等，译，北京：商务印书馆，2004：19.

[134] 孙东川，林福永．系统工程引论[M]．北京：清华大学出版社，2004：114-115.

[135] 国家自然科学基金委员会．冶金与材料制备工程科学[M]．北京：科学出版社，2006：273-374.

[136] 国家自然科学基金委员会．冶金与矿业科学[M]．北京：科学出版社，1997：18-22.

[137] 胡宁生．现代公共政策学：公共政策的整体透视[M]．北京：中央编译出版社，2007：257，258.

[138] Sterr T，Ott T. The Industrial region as a promising unit for eco-industrial development：reflections，practical experience and establishment of innovative instruments to support industrial ecology[J]. Journal of Cleaner Production，2004（12）：947-965.

[139] Trost B M. The atom economy：a search for synthetic efficiency[J]. Science，1991，254（5037）：1471.

[140] Muchie M. Old wine in new bottles：a critical exploration of the UN’s conceptions and mechanisms for the transfer of environmentally soune technologies to industry[J]. Technology in Society，2000（22）：201-220.

[141] Li J H. Complex systems and multi-scale methodology-preface[J]. Chemical Engineering Science，2004，59（8-9）：1611-1612.

[142] 邹冀. 环境经济一体化政策研究[M]. 北京：北京出版社，2000：24-26.

[143] Schaeffer D J，Henricks E E，Kerster H W. Ecosystem health measuring ecosystem health[J]. Environmental Management，1988，12（2）：445-455.

[144] Rapport D J. What constitutes ecosystem health？[J]. Perspective in Biology and Medicine，1989，33（1）：120-132.

[145] 曾德慧，姜凤岐，范志平，等. 生态系统健康与人类可持续发展[J]. 应用生态学报，1999，10（6）：751-756.

[146] Costanza R，Arge R，Groot R，et al. The value of the world's ecosystem services and natural capital[J]. Science，1997，387：253-260.

[147] 郑玉歆. 全要素生产率的测算及其增长的规律——由东亚增长模式的争论谈起[J]. 数量经济技术经济研究，1998（10）：29-31.

[148] 詹姆斯·弗·穆尔. 竞争的衰亡——商业生态系统时代的领导与战略[M]. 北京：商务印书馆，1999：60-79.

[149] Stigson B. What is eco-efficiency？[M]. Sydney：WBCSD，1999：1 7.

[150] Ayres R U. Industrial metabolism：theory and policy[A]. The Greening of Industrial Ecosystems[C]. Washington，DC：National Academy Press，1994. 23-37.

[151] Graedel T E，Allenby B R. Industrial ecology[M]. Englewoodcliffs，NJ：Prentice Hall，1995.

[152] Mouche，Carol. Completing the sustainable development puzzle[J]. Chem Processing，2000，61（499）：32-37.

[153] Adizes I. 企业生命周期[M]. 赵睿，译，北京：中国社会科学出版社，1997：126-128.

[154] 严强，王强. 公共政策学[M]. 南京：南京大学出版社，2002：399-410.

[155] 顾建光，王树文. 公共政策分析概论[M]. 上海：上海人民出版社，2007：202-204.

[156] 包存宽，尚金城，陆雍森. 前后对比分析法在战略环境评价中的应用初探[J]. 环境科学学报，2001，21（6）：763-767.

[157] 蔡九菊，王建军，陆钟武，等. 钢铁企业物质流与能量流及其相互关系[J]. 东北大学学报（自然科学版），2006，27（9）：979-981.

[158] 陈昌曙. 陈昌曙技术哲学文集[M]. 沈阳：东北大学出版社，2002：160.

[159] 李伯聪. 工程哲学引论[M]. 郑州：大象出版社，2002：180-190.

[160] 周书俊. 产业哲学与主体的选择性[J]. 江西财经大学学报，2006，44（2）：75-77.

[161] 邬焜. 信息哲学[M]. 北京：商务印书馆，2005：44-56.

[162] 刘满强. 技术进步系统论[M]. 北京：社会科学文献出版社，1994：12.

[163] 侯小阁，栾胜基. 时间困境与社会舆论权威——环境管理的权威结构制衡研究[J]. 环境科学与管理，2007，32（4）：1-2.

[164] 王宪礼. 长白山生物圈保护区旅游的社会影响分析[J]. 旅游学刊，1999（2）：65-70.

[165] 李金发，吴巧生. 矿产资源战略评价体系研究[M]. 北京：中国地质大学出版社，2006：77-80.

[166] 刘思峰，党耀国. 预测方法与技术[M]. 北京：高等教育出版社，2005：187-190.

[167] 戈峰. 现代生态学[M]. 北京：科学出版社，2002：118-122.

[168] 毛小苓，刘阳生. 国内外环境风险评价研究进展[J]. 应用基础与工程科学学报，2003，11（3）：266.

[169] A11enby B R. 工业生态学：政策框架与实施[M]. 翁端，译，北京：清华大学出版社，2005：146.

[170] Graedel T E，Allenby B R. 产业生态学（第 2 版）[M]. 翁端，译，北京：清华大学出版社，2003：34.

[171] 蒋宏国，林朝阳. 规划环评中的替代方案研究[J]. 环境科学动态，2004（1）：11.

[172] 许树伯. 层次分析法原理[M]. 天津：天津出版社，1988：1-6.

[173] 张显鹏，郎建峰，崔传孟，等. 低品位硼铁矿在高炉冶炼过程中的综合利用[J]. 钢

铁，1995，30（12）：9-10.

[174] 张显鹏，刘素兰，崔传孟. 硼铁矿高炉铁硼分离工艺试验研究[J]. 化工矿物与加工，1997，26（4）：20-21.

[175] Lifset R. Industrial metaphor，a field，and a journal[J]. Journal of Indusrial Ecology，1997，1（1）：1-3.

[176] Ehrenfeld J. Indusrial ecology：a new field or only a metaphor？[J]. Journal of Cleaner Production，2004，12：825-830.

[177] 段宁. 清洁生产、生态工业和循环经济[J]. 环境科学研究，2001，14（6）：1-4.

[178] Oldenburg K U，Geiser K. Pollution prevention and ... or industrial ecology[J]. Journal of Cleaner Production，1997，5（1-2）：103-105.

[179] Li Y，Hu S Y，Chen D J，et al. Exergy analysis on eco-industrial systems[J]. Science in China Ser. B，2006，49（3）：281-288.

[180] 舒廷飞，包存宽，陆雍森，等. 规划环境影响评价与生态规划的现状及其关系[J]. 同济大学学报（自然科学版），2006，34（3）：384.

[181] 刘佛翔，张欣. 论工业技术生态化[J]. 科学管理研究，2001，2（19）：1.

[182] 吴云. 工业园区环境影响评价应关注园区生态设计[J]. 环境与可持续发展，2007（4）：32.

[183] 黄训江. 基于传统 EIA 与 SEA 集成的工业园区类项目环境评价[J]. 软科学，2005，19（2）：19.

[184] 杨璨，胡山鹰，梁日忠，等. 中国鲁北生态工业模式[J]. 过程工程学报，2004，4（5）：467-469.

[185] 马蔚钧，胡山鹰，陈定江. 基于 SIMULINK 工具箱的生态工业系统仿真和柔性分析[J]. 计算机与应用化学，2006，23（2）：113.

[186] Mao J S，Lu Z W，Yang Z F. Eco-efficiency of lead in China's lead-acid battery system[J]. Journal of Industrial Ecology，2006，10（1-2）：185-197.

[187] Lanzano T，Bertram M，De Palo M，et al. The contemporary european silver cycle[J]. Resources，Conservation and Recycling，2006，46（1）：27-43.

[188] 郭颖，胡山鹰，陈定江. 元素流分析在生态工业规划中的应用[J]. 过程工程学报，2008，8（2）：321-322.

[189] 杨中东，刘素兰，薛向欣，等. 含硼高硅铁液中碳的氧化规律[J]. 钢铁研究学报，2006，18（4）：7.

[190] Peng Q M，Palmer M R，Lu J W. Geology and geochemistr of the paleoproterozoic borate deposits in liaoning-Jilin northeastern China：evidence of metaevaporites[J]. Hydrobio -logia，1998，381（1-3）：51-57.

[191] Liu S L，Cui C M，Zhang X P. High-temperature reduction of ore comprising ludwigite[J]. Trans IMM，1998（107）：157-158.

[192] Liu S L，Cui C M，Zhang X P. Pyrome-tallurgical separation of boron from in ludwigite Ore[J]. JISJ International，1998，38（10）：865-872.

[193] 刘然. 碳与含硼原矿的气固相反应过程的初步研究[D]. 沈阳：东北大学，2005：10-11.

[194] Kathie C. Shifting from cleanups to greenup cheem[J]. Chem Processing，2001，64（499）：22-24.

[195] 安静，刘素兰，薛向欣. 硼铁矿火法分离工艺清洁生产评价[J]. 东北大学学报（自然科学版），2006，27（9）：995-996.

[196] Korhonen J. Four ecosystem principles for an industrial ecosystem[J]. Cleaner Production，2001，9（3）：253-259.

[197] 郑学家. 硼化合物生产与应用[M]. 北京：化学工业出版社，2008：50，80-81.

[198] 王小欢，张丽清，侯明艳，等. 硼铁矿碳热氯化反应[J]. 过程工程学报，2007，7（4）：702.

[199] 吕秉玲. 翁泉沟硼铁矿的综合利用[J]. 无机盐工业，2005，37（4）：39-40.

[200] Newcombe，Kalina J D，Aston A R. The metabolian of a city：the case of Hong Kong[J]. Ambio，1978（7）：3-15.

[201] 殷瑞钰. 绿色制造与钢铁工业[J]. 钢铁，2000，35（6）：61-65.

[202] Sakai S. Municipal solid waste management in Japan[J]. Waste Management，1997（16）：395-405.

[203] Vehlow J. Municipal solid waste management in Germany[J]. Waste Management，1996（15）：367-374.

[204] Zhang Y，Li Z H，Qi T，et al. Green chemistry of chromate cleaner production [J]. The Chinese Journal of Chemistry，1999，17（3）：258-266.

[205] 李有润，沈静珠，胡山鹰，等. 生态工业及生态工业园区的研究与进展[J]. 化工学报，2001，52（3）：189-192.

[206] Anderberg S. Industrial metabolism and the linkages between economics，ethics and the environment[J]. Ecological Economics，1998（24）：311-320.

[207] Tillman A. Significance of decision-making for LCA methodology[J]. Environmental Impact Assessment Review，2000（20）：113-123.

[208] 惠益民. 技术预测[M]. 北京：北京航空学院出版社，1985：99-106.

[209] Allen D T，Shonnard D R. Green engineering：environmentally conscious design of chemical processes and products[J]. AIChE Journal，2001，47（9）：1906-1910.

[210] Wei J. New horizons for reaction engineering[J]. Chem. Eng. Sci，1990，45（8）：1947-1952.

[211] Yang N，Wang W，Ge W，et al. Computer simulation of heterogeneous structure in circulating fluidized beds by combining the two-fluid model with the EMMS approach[J]. Ind. Eng. Chem Res，2004，43（18）：5548-5561.

[212] Anastas P T，Warner J C. Green chemistry：theory and practice[M]. New York：Oxford University Press，1998.

[213] Grossmann I E，Westerberg A E. Research challenges in process systems engineering [J]. AIChE，2000，46（9）：1700-1703.

[214] 郑学家. 硼化合物生产与应用[M]. 北京：化学工业出版社，2006：75，77，113，143-144，156.

[215] 成思危. 中国的硼砂工业[J]. 现代化工，1988，8（5）：11-12.

[216] 陶连印，郑学家. 硼化合物的生产与应用[M]. 成都：成都科技大学出版社，1992：57-59，220-225.

[217] 吕秉玲. 采用二乙醇胺作活化剂的碳碱法生产硼砂[J]. 无机盐工业，2006，38（12）：34-35.

[218] Azapagic A，Clift R. Life Cycle Assessment and linear programming-environmental optimization of product system[J]. Comp Chem Eng，1995，19（supple）：229-234.

[219] Diwekar U. Green process design，industrial ecology，and sustainability：A systems analysis perspective.[J]. conservation and recycling，2005，44（3）：215-235.

[220] Driscoll D，Borates M. The turk of the town[J]. Industrial Miner，2001（402）：30-46.

[221] Osrnan N A，Sabri C，Mehmet O，et al. Deterrninalion of the optimum comditions for boric acid extraction with carbon dioxide gas in aqueous media from colemanite contarning Arsenec[J]. Ind Eng Chem Res，2000，39（2）：488-493.

[222] Azapagic A，Clift R. Life cycle assessment as tool for improving process performance：a case study on boron products[J]. International Journal of LCA，1999，4（3）：133-142.

[223] Zhang S J，Zhang X P. Structure，surface，interaction and time[J]. China particuology science and technology of particles，2004，2（2）：50-51.

[224] Li C，Zhang X P，Yan L，et al. Synthesis of zeotropic separation based on green cheen chemical principles[C]. Sung Hyun Kim，The 4th International Conference on Separation Science and Technology，Nanning，China：Word Scietifi，2004.

[225] 张锁江，张香平. 绿色过程系统集成[M]. 北京：中国石化出版社，2006：280-284.

[226] 李艳军，韩跃新. 辽宁凤城硼铁矿资源的开发与利用[J]. 金属矿山，2006（7）：8-9.

[227] 香山科学会议第 297 次学术会议. 矿物资源高效利用战略与对策[C]. 2007：3，20.

[228] 李光昕. 利用硼泥综合技术点泥成“金”[J]. 建材工业信息，2002（6）：34.

[229] 徐惠娟，袁海涛，高佳令. 相转移催化技术在无机化工中的拓展[J]. 当代化工，2002，31（2）：105.